부부가 함께 드리는
태아축복기도문

🌱

사랑하는 나의 자녀 보형, 신형,
그리고 그들의 자녀들을 위하여
이 기도를 드립니다.

부부가 함께 드리는
태아축복기도문

한기채 지음

토기장이

추천의 글

태아축복기도문 출간을 기뻐하며

　인생에서 가장 축복을 받아야 할 시기는 바로 '태아기'이며 이 때는 가장 중요한 시기입니다. 왜냐하면 엄마의 자궁 안에서 들은 모든 말이 아기의 평생을 다스리기 때문입니다. 그래서 이때 들려주는 부모의 축복은 아기를 정서적으로 안정되게 하고, 자존감을 높여주어 사람들을 더 많이 사랑하며 살아갈 수 있는 힘이 되어 줄 것입니다.

　부모의 단순한 축복의 언어도 이렇게 좋은 영향을 주는데 세상을 지으신 만왕의 왕, 아기를 지으신 창조주 하나님께 드리는 부모의 축복기도는 태아에게 얼마나 큰 선한 영향력을 미칠까요? 축복기도를 받은 태아는 자궁 속에서 안정감을 누리며 자라게 될 뿐만 아니라 세상에 태어나서는 자존감과 자신감을 겸비한 좋은 성품의 아이로 자라게 될 것입니다.

　이 책「태아축복기도문」은 다른 태아기도서들과 눈에 띄게 차별화된 기도문을 담고 있습니다. 단지 태아를 위한 기도가 아니라 태아가 출생하고 성장하며 인생을 살아가는데 필요한 모든 축복을 담고 있는 기도문이기 때문입니다. 그래서 이 책은 자녀의 인생을 위해 기도로 축복해주고 싶은 이 땅의 모든 부모들에게 참으로 복된 소식이 아닐 수 없습니다.

아름다운 언어로 노래하듯이 아이에게 축복기도문을 들려주십시오. 태중에 있는 당신의 아이는 행복해지고 또한 이 세상에 태어나서는 하나님을 경외하는 귀한 아이로 자라게 될 것입니다. 이 귀한 책을 통해 '기도하는 부모됨'의 복을 누리시기를 축복합니다.

좋은나무성품학교 대표
이영숙 박사

들어가는 글

기도는 아이의 미래입니다

하나님이 주신 은사는 참으로 놀랍습니다. 제가 군목으로 사역할 때 오랫동안 아기를 갖지 못하던 집사님 내외를 위해 간절히 기도해 드렸는데, 얼마 후 임신이 되었고 건강한 아기를 출산했다는 소식을 들었습니다. 그 후로 임신을 소망하는 수많은 부부들을 위해 기도해 드렸고, 기도를 통하여 하나님이 선물로 주시는 아이들이 태어났습니다. 저는 이런 경험을 통하여, 하나님은 아이를 간절히 구하는 마음을 우리에게 주시고 약속의 자녀를 선물로 주신다는 사실을 확실히 믿게 되었습니다. 그러므로 아이를 갖는 과정부터 시작하여 아이의 일생을 태아 때부터 기도로 준비하는 것이 어떤 태교보다 중요하다고 생각합니다.

저는 별다른 준비 없이 결혼하였고, 기다리는 시간 없이 바로 아이를 선물로 받았으며, 특별하게 성경적 태교도 하지 못했던 것이 사실입니다. 지금 생각하면 얼마나 위험천만한 일인지 모릅니다. 그래도 하나님의 은혜로 아이들은 훌륭하게 자랐습니다. 저는 아이들에게 기도를 빚졌다고 생각하고 늦게나마 그 빚을 갚고 싶습니다. 이 기도문을 통해서 이미 장성한 저의 자녀가 시간을 초월하여 역사하시는 하나님의 응답을 받으리라 믿습니다. 그리고 이제 얼마 있으면 결혼하게 될 자녀의 아이들을 위해서도, 먼저 준비하는 마음으로 기도하고 싶습니다. 저는 지금 손주들을 위해 제 며느리, 사위에게 줄 수 있는 기도문을 쓰고자 합니다.

서양에서는 주로 태어난 시점부터 나이를 계산하지만 우리나라에서는 태어나자마자 한 살이 됩니다. 저는 우리의 나이 계산법이 더 성경적이라고 생각합니다. 이것은 생명윤리의 관점에서 보아도 놀라운 사상을 담고 있습니다. 수정되는 순간, 아니 그전부터 생명은 시작되기 때문입니다. 그러므로 임신중절에 대한 논의에서도 생명의 시작은 훨씬 앞당겨져야 합니다.

성경에는 분명히 생명을 위해 준비하고 기도하라고 나와 있습니다. 생명은 하나님이 주신 선물이며, 태아 기간이 평생에 미치는 영향은 참으로 크고 중요합니다. 태아 기간은 태어나서 살아가는 평생이 압축되어 있는 짧고도 긴 시간입니다. 태아의 한 달은 태어나서 10년에 해당하는 중대한 기간일 수 있습니다. 문제는 부모인 우리가 그 중요성을 잘 모르고 그냥 보낸다는 것입니다. 임신 상태에서 음주를 하거나 심각한 스트레스를 받는 것은 아이의 근본 형성부터 단시간에 엄청난 문제를 만드는 것이나 다름없습니다. 그러므로 자녀 교육은 임신 전부터 시작되어야 하고, 임신 기간이 매우 중요하게 다루어져야 합니다. 이런 점에서 이 기간에 기도는 필

수입니다.

매일 아이에게 기도를 먹인다고 생각하고 기도하십시오. 충실한 열매를 맺을 것입니다. 기도는 예언이며 예방입니다. 인생을 살면서 부딪칠 많은 일들을 위해 기도로 미리 대비하는 것입니다. 기도로 아이의 인생을 설계합시다. 평생에 필요한 모든 것들을 기도로 미리 준비합시다. 태아는 특별히 뇌의 형성에 영향을 미치는 수정 단계부터 일생에 필요한 모든 것이 준비됩니다. 태아 기간에 한 사람의 일생이 들어가 있으므로, 이 책에서는 사람의 전 일생에 걸쳐 할 수 있는 기도를 담았습니다. 태아를 위한 기도지만 사실상 모든 세대를 위한 기도이고, 임신 기간뿐 아니라 아이들이 자라면서도 부모가 활용할 수 있는 기도이고, 아이뿐 아니라 부모 자신을 위한 기도이기도 합니다. 여기에 제시된 기도는 태아 때부터 시작하여 아이가 장성할 때까지 계속 해야 할 기도입니다.

이 책의 기도는 하나님의 말씀을 듣는 것부터 시작됩니다. 말씀을 먼저 묵상하고 거기에서 기도를 끌어냈습니다. 간절한 마음과 진실한 믿음을 가지고 읽는 것만으로도 훌륭한 기도가 될 것입니다.

저는 목회가 '모태에서 천국까지' 전 과정을 함께하는 '전인적 돌봄 목회'Total Care Ministry여야 한다고 생각합니다. 그러므로 모태에 있는 태아도 목회의 대상이 됩니다. 기도로 출산을 하나님과 함께 계획하고, 기도로 하나님이 주시는 특별한 선물인 아이를 받으며,

기도로 아이를 잘 양육해야 합니다. 이것은 가정뿐 아니라 교회와 나라와 세계를 위한 거룩한 사역입니다. 독자분들 모두 거룩한 씨앗을 세상에 퍼트려 하나님 나라를 이루어가는 믿음의 명문 가문이 되시기를 바랍니다. 바른 영성, 건강한 육체와 정신, 아름다운 습관과 성품을 가진 아이를 키워내는 데 이 기도문이 일조한다면 더 바랄 것이 없겠습니다.

기도문을 읽고 다듬어준 동역자 김재명 목사님, 이신영 전도사님, 심우섭 전도사님, 좋은 기도시를 추천해 주시고 손수 써주신 송용구 시인, 기획과 출판을 맡아주신 토기장이 식구들에게 감사드립니다.

"하나님! 이 기도가 아이의 몸과 정신과 영혼을 형성하고, 좋은 성품과 굳건한 믿음, 하나님의 지혜와 복을 부르는 은혜의 도구가 되게 하소서. 예수님의 이름으로 기도드립니다. 아멘."

중앙성결교회 기도실에서
한기채

차례

추천의 글·들어가는 글
기도문을 활용하는 방법 · 012
은혜와 지혜와 축복을 간구하는 기도 · 013

1부_ 임신을 준비하며 드리는 기도 · 017

    하나님이 주실 아이를 위한 기도
    하나님이 기뻐하시는 가정을 위한 기도

2부_ 임신 기간 동안 드리는 기도 · 057

    부모를 위한 기도
    아이의 영성이 바르게 형성되기 위한 기도
    아이의 육체와 정신이 건강하게 형성되기 위한 기도
    아이의 습관과 성품이 아름답게 형성되기 위한 기도
    아이의 승리하는 삶을 위한 기도

3부_ 출산을 준비하며 드리는 기도 • 209

아이가 받을 선물을 위한 기도

순산을 위한 기도

부록 • 239

기도의 정의

상처와 아픔과 염려를 치유하는 기도

기도문을 활용하는 방법

조용한 시간을 구별하여 부부가 함께 기도합니다.
소망의 촛불(허브향)을 켜고 기도하는 것도 좋습니다.
하나님이 주시는 약속인 성경 말씀을 붙들고 기도하면 응답이 보장됩니다.
그날 정한 기도문을 펼친 후 먼저 상단의 제목과 말씀을 읽고 산모의 배에 부부가 손을 겹쳐 얹고 함께 기도문을 읽습니다.
제시된 기도문으로 마무리해도 좋고, 성령의 이끄심대로 각자의 기도로 이어져도 좋습니다.
자신의 기도가 되도록 반복해서 기도하면 더욱 좋습니다.
기도문 중에 나온 '아이' 대신 태아의 이름(예명)을 넣어서 기도해도 좋습니다.
기도가 끝난 후 부부 혹은 각자의 기도일지(노트)에 받은 은혜와 응답을 기록해 둡니다.
아이가 장성한 후에 이 책을 선물로 주면 귀한 유산이 될 것입니다.

은혜와 지혜와
축복을 간구하는
기도

아이가 기도와 말씀을 먹고, 사랑과 은혜를 먹으며, 무럭무럭 건강하게 자라게 하소서. 말씀을 읽고 기도할 때마다 성령님께서 아이를 만져주소서. 저희 부부에게도 아이를 하나님의 존귀한 선물로 받아 하나님의 뜻대로 하나님 나라를 이루어가는 인물로 키울 수 있는 모든 역량을 함께 허락해 주소서.

기도로 풍성한 은혜를 경험하게 하소서

기도 안에서 서로 소통하여 하나이신 성부 · 성자 · 성령 삼위일체 하나님!
이 기도를 통해 저희 부부와 아이도 기도의 세계에서 하나님과 하나 되게 하소서.
아이가 기도와 말씀을 먹고, 사랑과 은혜를 먹으며, 무럭무럭 건강하게 자라게 하소서.
말씀을 읽고 기도할 때마다 성령님께서 아이를 만져주소서.
기도가 아이의 언어가 되고 사상이 되고 육체가 되고, 성품이 되고 믿음이 되고 삶이 되어 나타나게 하소서. 기도할 때 아이의 육체가 건강해지고, 마음도 정결하며, 영도 거룩하게 하소서.
저희 부부에게도 아이를 하나님의 존귀한 선물로 받아 하나님의 뜻대로 하나님 나라를 이루어가는 인물로 키울 수 있는 모든 역량을 함께 허락해 주소서. 기도할 때마다 하나님의 임재와 성령 충만함과 은혜의 풍성함을 경험하도록 도와주소서.
아이를 기다리는 모든 기간이 하나님의 시간으로 충만하여 하나님의 역사가 이루어지는 거룩한 경험을 하게 하소서.
예수님의 이름으로 기도드립니다. 아멘.

지혜로운 부모가 되게 하소서

세상 모든 존재의 부모가 되시는 하나님!
저희 부부가 이러한 부모가 되게 하소서.
아이를 저희의 소유가 아닌 하나님이 저희에게 맡겨주신 소중한 선물로 알고 말씀 안에서 바르게 키우게 하소서.
아이에게 믿음으로 사는 법을 가르치고, 하나님을 사랑하고 사람을 사랑하는 삶을 본으로 보여주며, 하나님 나라에 소망을 두고 사는 일생을 보여주게 하소서.
저희의 기준이나 욕심을 앞세워 아이에게 상처를 주거나 아이를 강압적이거나 이기적으로 대하지 않게 하시고, 아이에게 주신 하나님의 은사를 볼 수 있는 눈을 주셔서 그것을 발굴하고 계발하도록 돕는 부모가 되게 하소서.
영적 안내자로서 아이를 하나님께 인도하고, 인생의 멘토로서 지혜를 가르치며, 친밀한 친구로서 마음을 함께 나누고, 아이를 지지하고 격려하는 인생의 동반자가 되게 하소서.
저희 부부에게 원대한 비전과 큰 믿음을 주시고, 지혜로우면서 넓고 깊은 사랑의 마음을 주시며, 건강한 체력과 충분한 물질을 주셔서 아이를 바로 세우고 뒷받침하는 데 부족함이 없도록 하소서.
예수님의 이름으로 기도드립니다. 아멘.

축복 받는 아이가 되게 하소서

🌸 부부가 산모의 배 위에 손을 얹고 축복한다. '너' 대신 예명을 넣을 수 있다.

너는 하나님의 사랑과 섭리 가운데 태어났으며 하나님이 보내신 목적이 분명하다. 너는 하나님이 사랑하시는 자요, 하나님이 기뻐하시는 자다. 너는 우리의 기쁨이요, 자랑이요, 소망이요, 면류관이다.

너는 믿음과 소망, 지혜와 능력, 건강과 부요함을 복으로 받았다. 너는 강한 의지와 자기 통제력, 맑은 영성과 아름다운 성품을 복으로 받았다. 너는 화목한 가족과 멋진 친구, 하나님의 은혜와 비전을 복으로 받았다.

너는 무슨 일을 하든지 창대하고 번성하며 칭찬과 명성을 얻게 될 것이다. 너는 어디를 가든지 환영을 받으며 존귀한 사람이 되며 복의 통로가 될 것이다. 너는 하나님께 많은 영광을 돌리며 세상의 사람들에게 하나님의 해답이 될 것이다. 너는 성경 말씀에 기록된 복을 받을 것이며, 성경의 위대한 사람들의 반열에 설 것이다. 너는 성령이 충만하여 하나님의 임재 안에서 하나님의 능력으로 승리하는 삶을 살 것이다.

예수님의 이름으로 축복합니다. 아멘.

1부
임신을 준비하며 드리는 기도

하나님이 주실 아이를 위한 기도

하나님이 기뻐하시는 가정을 위한 기도

하나님의 은혜로 이룬 저희 가정에 귀한 자녀를 허락해 주소서. 이삭처럼, 사무엘처럼, 다니엘처럼, 세례 요한처럼 하나님의 영광을 나타내고 하나님의 사역을 이어갈 약속의 자녀를 주소서. 주님의 치유의 손길로 어루만지셔서 태의 문을 여시고 건강한 아이를 수태할 수 있도록 도와주소서.

1장 • 하나님이 주실 아이를 위한 기도

자녀를 위한 기도 헬렌 M. 영

하나님!
나의 자녀들과 함께 보내는 오늘이
나의 날임을 아는 지혜를 주옵소서.
자녀들의 생애에는 중요치 않은 순간이 없음이니이다.
이보다 소중한 직업은 없으며
이보다 더 시급한 과업은 없음이니이다.
내가 이것을 연기하지도 소홀히 여기지도 않게 하옵시고
당신의 성령으로 이것을 기쁘고 즐겁게 받아들이며
당신의 은혜로
지금이 바로 가장 소중한 시간임을 깨닫게 하옵소서.

귀한 자녀를 허락해 주소서

🍀 오랫동안 아이를 갖지 못한 부부를 위한 기도

"그들이 아침에 일찍이 일어나 여호와 앞에 경배하고 돌아가 라마의 자기 집에 이르니라 엘가나가 그의 아내 한나와 동침하매 여호와께서 그를 생각하신지라" 삼상 1:19.

생명의 주권자이신 하나님!
하나님의 은혜로 이룬 저희 가정에 귀한 자녀를 허락해 주소서. 이삭처럼, 사무엘처럼, 다니엘처럼, 세례 요한처럼 하나님의 영광을 나타내고 하나님의 사역을 이어갈 약속의 자녀를 주소서. 주님의 치유의 손길로 어루만지셔서 태의 문을 여시고 건강한 아이를 수태할 수 있도록 도와주소서.
주시는 아이를 주님의 특별한 선물로 알고, 믿음으로 받아 주님의 뜻대로 키우겠사오니, 저희에게 귀한 생명을 맡겨주소서. 기도로 얻은 자녀, 기도로 키우며, 말씀 안에서 살도록 가르치겠습니다. 간절한 마음으로 주님의 응답을 기다리오니 저희에게 자녀를 허락해 주소서. 자녀를 키우면서 하나님의 마음을 배우고, 세상의 모든 자녀들을 사랑하는 법을 배우겠습니다. 아이와 더불어 하나님 나라의 모형이 되는 가정을 이루며 하나님 나라를 전파하고 확장하는 삶을 살아가겠습니다.
믿고 기다리오니 저희에게 확신을 주시고 평안한 마음을 주소서. 예수님의 이름으로 기도드립니다. 아멘.

저희 가문에 위대한 자녀가 나오게 하소서

"하나님이 그에게 이르시되 나는 전능한 하나님이라 생육하며 번성하라 한 백성과 백성들의 총회가 네게서 나오고 왕들이 네 허리에서 나오리라" 창 35:11.

사람을 통하여 새 역사를 쓰시는 전능하신 하나님!
하나님의 새로운 일을 이루어갈 언약의 자녀를 저희에게 주소서. 야곱을 이스라엘로 바꾸시고 그를 통하여 이스라엘 민족을 이루셨던 것처럼, 저희 자녀를 통하여 우리나라와 민족을 축복해 주소서.
대한민국이 세계에 뛰어난 민족이 되며, 하나님의 영광을 나타내는 나라가 되게 하소서. 하나님의 이름을 만방에 높이는 위대한 지도자가 되게 하소서. 이 아이 때문에 그리스도인인 것이 자랑스럽고 대한민국 사람인 것이 자랑스럽게 하소서.
저희 자녀와 후손을 통하여 위대한 인물들이 많이 배출되게 하시고, 주님의 나라를 온 세상에 확장하는 가정이 되게 하소서. 저희 가문이 주변 사람들에게 하나님의 복의 통로가 되게 하소서. 저희의 믿음을 이어 꽃 피고 열매 맺는 믿음의 명문가를 이루게 하소서.
예수님의 이름으로 기도드립니다. 아멘.

기도로 구한 아이, 기도의 사람이 되게 하소서

"이 아이를 위하여 내가 기도하였더니 내가 구하여 기도한 바를 여호와께서 내게 허락하신지라" 삼상 1:27.

기도를 통해 일하시기를 기뻐하시는 하나님!
한나의 기도와 서원에 응답하여 사무엘을 주셨던 것처럼 저희의 기도에 특별한 응답으로 아이를 보내주시기를 간구합니다.
저희도 기도의 응답인 아이를 주님 앞에 내어드리겠사오니, 아이가 평생 주님의 보내신 뜻을 성취하는 삶을 살게 하소서. 언행이 구별되고 말씀 안에서 거룩한 삶을 살도록 도와주소서. 충만한 지혜와 탁월한 지도력을 주셔서 사람들을 바른 데로 이끌게 하소서. 저희도 아이에게 좋은 본보기를 보이게 하시고, 아이를 말씀 안에서 양육하게 하소서. 하나님이 아이를 보내신 뜻을 깨달아 가르치게 하시고, 아이가 그 뜻을 따라 믿음으로 기도하며 살도록 돕게 하소서. 하나님을 기쁘시게 하고, 세상에 참된 평안을 주는 지도자로 키우게 하소서.
예수님의 이름으로 기도드립니다. 아멘.

주님의 이름을 높이는 자가 되게 하소서

"이 백성은 내가 나를 위하여 지었나니 나를 찬송하게 하려 함이니라" 사 43:21.

영원한 섭리 가운데 저희를 부르시는 하나님!
미리 아시고 택하셔서 이 세상에 보내실 아이를 통하여 광야에 길을, 사막에 강을 만드는 놀랍고 창의적인 새 일을 이루소서.
창조주 하나님의 뜻에 순종함으로 하나님께 영광을 돌리고, 사람들을 생명의 길, 복된 길로 인도하게 하소서.
이제 '주님의 것'으로 지명하여 부르실 아이를 보배롭고 존귀하게 하셔서, 사람들 앞에서 하나님의 이름을 찬양하며 높이게 하소서.
많은 사람들을 주님 앞으로 이끄는 영적 리더의 삶을 살게 하시고, 함께하시는 주님의 능력으로 강하고 담대하게 사명을 수행하게 하소서.
언제나 어느 곳에서나 하나님의 보호하심이 함께해 주소서. 물 가운데 지날 때에도, 불 가운데 지날 때에도 아이를 안전하게 지켜주소서.
예수님의 이름으로 기도드립니다. 아멘.

하나님의 뜻에 합당한 자가 되게 하소서

"내가 너를 모태에 짓기 전에 너를 알았고 네가 배에서 나오기 전에 너를 성별하였고 너를 여러 나라의 선지자로 세웠노라" 렘 1:5.

오래전에 아시고 부르시는 하나님!
저희 부부를 만나게 하시고 사랑으로 아름다운 가정을 이루게 하심도, 아이를 세상에 보내시려는 하나님의 원대한 계획이었음을 믿습니다.
아이가 생기기 전부터 아이를 아시고 거룩하게 구별하신 하나님께서, 아이의 몸과 정신과 영혼을 온전하게 만들어 주소서.
아이를 향한 하나님의 특별한 목적을 이루게 하소서.
우리나라뿐 아니라 세계 열방에 대한 계획을 가지고 아이를 부르실 하나님!
아이에게 탁월한 영감과 비상한 지혜, 그리고 국제적인 감각을 주셔서 소명에 걸맞는 삶을 살 수 있도록 아이를 구비시켜 주시고 세워주소서.
저희도 아이를 향한 하나님의 뜻을 이루는 데 귀한 동역자가 되게 하소서.
예수님의 이름으로 기도드립니다. 아멘.

하나님의 섭리를 알고 그 뜻 안에 살게 하소서

"우리는 그가 만드신 바라 그리스도 예수 안에서 선한 일을 위하여 지으심을 받은 자니 이 일은 하나님이 전에 예비하사 우리로 그 가운데서 행하게 하려 하심이니라" 엡 2:10.

깊으신 경륜 가운데 사람을 내시는 하나님!
하나님의 특별한 계획에 합당한 재능과 은사를 아이에게 허락해 주소서.
아이가 하나님의 은혜와 긍휼 안에서 자라게 하소서.
받을 자격이 없음에도 불구하고 예수님의 이름으로 부어주시는 은혜, 부족함에도 불구하고 십자가의 사랑으로 베푸시는 긍휼, 이러한 은혜와 긍휼을 통하여 아이의 삶이 더욱 성장하고 성숙하게 하소서.
아이가 자신을 지으신 하나님의 선하신 목적을 깨달아 알게 하시고, 그것이 인생을 이끌어가는 나침반이 되게 하소서.
저희도 하나님이 주시는 뜻밖의 은총을 힘입게 하시고, 예비하시고 공급하시는 하나님의 능력을 경험하며 살게 하소서.
예수님의 이름으로 기도드립니다. 아멘.

영·혼·육 모두 강건하게 하소서

"사랑하는 자여 네 영혼이 잘됨같이 네가 범사에 잘되고 강건하기를 내가 간구하노라" 요삼 2.

전인적인 구원을 주시는 하나님!
아이가 영·혼·육 모두 강건한 삶을 살게 하소서.
하나님과의 관계, 다른 사람과의 관계, 재능과 물질의 활용에서도, 원활하게 소통이 되는 온전한 삶을 살게 하소서.
아이가 먼저 하나님 나라를 구하여 영혼이 잘되게 하시고, 하나님이 주시는 복으로 말미암아 범사가 형통하게 하소서.
태어날 때부터 하나님이 주시는 건강을 지니게 하소서.
어느 곳이든 주변에 향기를 발하는 귀한 영혼이 되게 하소서. 모든 것을 밝게 바라보는 아름다운 마음을 지니게 하소서. 어떤 환경에도 잘 적응할 수 있는 튼튼한 육체를 주소서.
아이가 진리 안에 살아가는 것이 모두의 기쁨이 되게 하소서.
예수님의 이름으로 기도드립니다. 아멘.

배려와 사랑의 마음을 가지게 하소서

"엘리사가 자기 사환에게 이르되 너는 그에게 이르라 네가 이같이 우리를 위하여 세심한 배려를 하는도다 내가 너를 위하여 무엇을 하랴 왕에게나 사령관에게 무슨 구할 것이 있느냐 하니 여인이 이르되 나는 내 백성 중에 거주하나이다 하니라" 왕하 4:13.

약한 자들을 배려하시는 하나님!
아이가 남의 짐을 져줌으로 그리스도의 법을 성취하게 하소서 갈 6:2. 아브라함이 나그네를 배려하다가 천사를 대접한 것처럼, 리브가가 마땅히 할 것보다 더 많은 것을 해줌으로 복을 받은 것처럼, 수넴 여인이 아무 대가 없이 엘리사의 필요를 살펴서 채워주고 복을 받은 것처럼, 아이가 남을 배려하는 마음으로 사랑을 베풀며 살게 하소서.
대접을 받고자 하는 대로 남을 대접하고, 오 리를 가자면 십 리를 가주고, 작은 일에도 상대를 존중하며 그의 입장에 서서 생각하는 마음을 갖게 하소서. 아이가 자신을 존중할 줄 알며, 긍정적인 자화상과 밝은 마음을 갖게 하소서. 규칙적인 식사와 운동으로 자기의 몸도 배려할 줄 알게 하소서. 배려와 사랑이 자신을 넘어서는 도약대이며, 세상과 조화를 이루는 연결고리임을 알게 하소서.
예수님의 이름으로 기도드립니다. 아멘.

노아처럼 평생을 하나님과 동행하게 하소서

"이것이 노아의 족보니라 노아는 의인이요 당대에 완전한 자라 그는 하나님과 동행하였으며"창 6:9.

저희를 친구라 부르며 동행하기를 기뻐하시는 하나님!
에녹이 세상에서 천국까지 하나님과 동행한 것처럼, 노아가 하나님과 동행함으로 의인이요 당대에 완전한 자가 된 것처럼, 아이도 평생을 주님과 동행하는 삶을 살게 하소서.
모태에서 천국까지 신령한 하나님의 자녀로 살게 하소서.
동행하기 위해서는 뜻과 성품과 목적이 일치해야 한다고 하셨으니암 3:3, 하나님의 선한 뜻으로, 거룩한 성품으로, 온전한 목적으로 일치하게 하소서.
언제든지, 어느 곳에서든지, 무엇을 하든지 저희와 함께하시는 하나님을 의식하게 하시고, 결혼과 가정, 인간 관계에서 항상 하나님의 자리를 마련하게 하소서.
삼위일체의 대리자이신 성령님이 하나님의 임재를 매개해 주시는 것을 믿사오니, 저희 안에 거하시는 성령 하나님을 더 많이 의식하고 성령님을 따라 행하게 하소서.
예수님의 이름으로 기도드립니다. 아멘.

온유한 이삭을 닮게 하소서

"이삭이 거기서 옮겨 다른 우물을 팠더니 그들이 다투지 아니하였으므로 그 이름을 르호봇이라 하여 이르되 이제는 여호와께서 우리를 위하여 넓게 하셨으니 이 땅에서 우리가 번성하리로다 하였더라" 창 26:22.

온유한 자에게 땅을 기업으로 주시는 하나님!
아이가 이삭처럼 온유하여 다른 사람과 다투지 아니하며 하나님을 믿는 믿음으로 양보하면서도 하나님이 주시는 기업을 얻게 하소서.
말씀을 묵상할 줄 알며, 힘이 있으면서도 절제할 줄 알게 하시고, 하나님이 아이와 함께하심을 다른 사람들이 분명히 알게 하소서. 많은 사람과 더불어 평화롭게 지내며 선한 영향력을 나타내게 하소서.
평생에 대적이 없게 하시고 사방에 평안을 누리게 하소서.
인생이든 사업이든 하나님이 넓혀주시는 르호봇의 역사가 있게 하시고, 창대하고 왕성하며 번성하여 마침내 참된 거부가 되게 하소서.
물질적으로나 마음으로나 영적으로 부자가 되게 하소서.
하나님이 주시는 복으로 풍성하게 하소서.
예수님의 이름으로 기도드립니다. 아멘.

요셉처럼 큰 꿈을 가지게 하소서

"당신들은 나를 해하려 하였으나 하나님은 그것을 선으로 바꾸사 오늘과 같이 많은 백성의 생명을 구원하게 하시려 하셨나니" 창 50:20.

역사와 사람의 인생을 주관하시는 하나님!
아이가 하나님의 섭리를 믿고 그 안에서 평안히 살게 하소서.
요셉처럼 큰 꿈을 가지고 어떤 상황과 환경에서도 포기하지 않을 뿐 아니라 그 꿈을 해석하시고 이루시는 분은 하나님이심을 알게 하소서.
'하나님은 작은 일을 통하여 큰일을 이루신다'는 믿음을 가지고, 작은 일에도 마음과 정성을 다하여 최선을 다하게 하소서.
어느 곳에 가든지 사람들에게 인정과 칭찬을 받게 하소서. 세상의 악과 어두움도 하나님의 생명의 선한 역사로 바꿀 수 있는 능력을 주소서.
하나님의 존전에 서 있다는 '코람데오'의 정신으로 매사에 최선을 다하게 하시고, 하나님의 뜻을, 하나님의 때에, 하나님의 방법으로 이루어가는 사람이 되게 하소서.
하나님의 역사를 볼 수 있는 안목을 열어주시고, 인내로 하나님의 뜻을 이루게 하소서.
예수님의 이름으로 기도드립니다. 아멘.

갈렙처럼 순종하게 하소서

"오직 여분네의 아들 갈렙은 온전히 여호와를 순종하였은즉 그는 그것을 볼 것이요 그가 밟은 땅을 내가 그와 그의 자손에게 주리라 하시고" 신 1:36.

"순종이 제사보다 낫고 듣는 것이 숫양의 기름보다 낫다" 삼상 15:22 고 하신 하나님!
아이가 온전한 마음으로 주님께 순종하여 최고의 예배를 드리게 하소서.
순종의 결과는 하나님이 행하시는 일이 나타나는 것인 줄 믿고, 즐겁게 순종하면 땅의 아름다운 소산을 먹을 것이라 하셨사오니 사 1:19, 하나님의 말씀에 절대 순종함으로 말씀 가운데 약속하신 복을 받게 하소서.
순종은 믿음의 결과요, 믿음은 순종으로 표현되는 줄 믿사오니, 아이가 순종의 제사를 주님께 드린 갈렙의 길에 서게 하소서.
하나님께 대한 순종과 하나님이 위임하신 권위에 대한 순종은 하나인 줄 믿사오니, 부모에게 순종함으로 땅에서 잘되고 장수하는 복을 받게 하시고, 하나님이 허락하신 권위에 순종하여 세상에서 존귀한 자가 되게 하소서.
예수님의 이름으로 기도드립니다. 아멘.

사무엘의 영성을 주소서

"아이 사무엘이 점점 자라매 여호와와 사람들에게 은총을 더욱 받더라" 삼상 2:26.

저희의 기도를 들으시는 하나님!
아이가 사무엘처럼 존귀한 자가 되게 하소서.
육체적·정신적·신앙적으로 나날이 성장하고 성숙하게 하시고, 하나님께 은총을 받고 사람들에게 귀함을 받는 아이로 자라게 하소서.
어려서부터 하나님의 음성을 들으면서 자라게 하시고, 항상 하나님을 섬기며 기도에 힘쓰는 사람이 되게 하소서.
하나님의 영감이 충만하여 나라와 사람들을 인도하는 지도자가 되게 하소서.
온전한 헌신으로 하나님이 도우시는 '에벤에셀'의 역사의 주역이 되게 하셔서, 이 땅의 도덕성 회복과 영적인 부흥을 일으키고 위대한 나라를 세우는 지도자가 되게 하소서.
나라를 새롭게 하고, 교회를 갱신하며, 하나님의 사람들을 세우는 사람, 하나님의 마음을 헤아려 가르치는 사람이 되게 하소서.
예수님의 이름으로 기도드립니다. 아멘.

다윗처럼 하나님의 마음에 합한 자가 되게 하소서

"내가 여호와께 바라는 한 가지 일 그것을 구하리니 곧 내가 내 평생에 여호와의 집에 살면서 여호와의 아름다움을 바라보며 그의 성전에서 사모하는 그것이라" 시 27:4.

다윗의 장막을 그리워하셨던 하나님!
아이가 다윗처럼 온 몸과 마음을 다해 예배하는 자가 되게 하소서. 하나님과의 친밀한 관계를 가장 우선시하는 삶을 살게 하시고, 하나님의 집을 사모하고 즐거운 예배를 드리며 하나님의 존전에 거하게 하소서.
다윗처럼 하나님의 마음에 합한 사람이 되어 하나님의 뜻을 이루게 하시고, 다윗과 같은 믿음과 담대함을 주셔서 승승장구하는 삶을 살게 하소서.
인생의 골리앗과 같은 문제도 주님을 의지하는 믿음으로 넉넉히 이기게 하소서. 신령한 노래와 시로 주님을 찬양하는 예술적 재능과 풍부한 감성도 허락해 주소서.
사람들의 마음을 감화하여 움직이는 감동적인 리더십을 주소서.
자신의 실수는 솔직하게 인정할 줄 알고, 회개하고 돌이키는 용기를 주시고, 무엇보다 성령의 임재와 충만함을 구하게 하소서.
예수님의 이름으로 기도드립니다. 아멘.

솔로몬의 지혜를 주소서

"누가 주의 이 많은 백성을 재판할 수 있사오리이까 듣는 마음을 종에게 주사 주의 백성을 재판하여 선악을 분별하게 하옵소서" 왕상 3:9.

지혜의 원천이신 하나님!
아이가 솔로몬과 같이 지혜의 가치를 알고 구하는 자가 되게 하소서. "지혜가 제일이니 네가 가진 모든 것으로 지혜를 얻으라" 잠 4:7 고 하셨사오니 솔로몬처럼 지혜를 구하여 그 안에 있는 모든 것을 함께 누리게 하소서.
하나님을 경외하는 것이 지혜의 근본인 것을 믿사오니, 하나님 알기를 힘쓰고 하나님의 뜻을 구하는 아이가 되게 하소서.
하나님의 말씀을 경청하는 지혜로운 마음을 주시고, 세상을 잘 분별하여 알 수 있는 지혜도 주소서.
하나님이 주신 지혜로 사람들을 이롭게 하고, 하나님이 보내신 일을 이루며, 하나님을 경외하는 삶을 살게 하소서.
"누구든지 지혜가 부족하면 후히 주시는 하나님께 구하라" 약 1:5 하셨으니, 믿음으로 구하는 저희에게 풍성한 지혜를 내려주소서.
예수님의 이름으로 기도드립니다. 아멘.

느헤미야 같은 리더십을 주소서

"느헤미야가 또 그들에게 이르기를 너희는 가서 살진 것을 먹고 단 것을 마시되 준비하지 못한 자에게는 나누어주라 이날은 우리 주의 성일이니 근심하지 말라 여호와로 인하여 기뻐하는 것이 너희의 힘이니라 하고" 느 8:10.

모든 능력의 원천이신 하나님!
아이가 느헤미야처럼 하나님을 기뻐함으로 힘을 얻게 하소서. 하나님이 주시는 복이 아니라 하나님 자신을 기뻐하게 하소서.
하나님을 기뻐할 때 세상 근심이 떠나고 하나님의 능력이 넘치게 하소서. 날마다 공급하시는 하나님의 능력으로 새로운 역사를 이루게 하소서.
느헤미야처럼 기도하면서 계획을 세우는 지도자가 되게 하시고, 사람들에게 확고한 비전을 제시하면서 그들과 동역하게 하소서.
동기 유발을 잘하며, 반대자들도 효과적으로 대하는 리더십도 주소서.
어려운 상황에도 하나님을 기뻐하며 담대히 나아가게 하시고, 하나님의 선한 손길이 도우시는 것을 삶의 현장에서 항상 경험하게 하소서. 기도로 준비하고, 기도하면서 일하며, 기도로 하루를 마무리하는 사람이 되게 하소서.
예수님의 이름으로 기도드립니다. 아멘.

에스더처럼 이때를 위한 사람이 되게 하소서

"이때에 네가 만일 잠잠하여 말이 없으면 유다인은 다른 데로 말미암아 놓임과 구원을 얻으려니와 너와 네 아버지 집은 멸망하리라 네가 왕후의 자리를 얻은 것이 이때를 위함이 아닌지 누가 알겠느냐 하니"에 4:14.

때와 장소를 맞추어 사람을 보내시는 하나님!
아이를 이때에 한국에 보내시는 하나님의 특별한 섭리가 있음을 믿습니다.
아이가 하나님이 만들어 놓으신 기회와 자리를 잘 분별하여, 하나님의 보내신 뜻을 온전히 행하는 사람이 되게 하소서.
아이를 에스더처럼 나라와 민족을 위하여 잘 준비시키셔서, 하나님의 때에 담대하게 일어나 위대한 일을 이루게 하소서.
어떤 지위와 기회가 주어졌을 때 하나님이 주신 특별하신 목적을 알고, 주어진 사명을 잘 감당하는 사람이 되게 하소서.
가슴 속 깊은 곳에서 들려오는 하나님의 소명을 듣게 하시고,
하나님과 나라와 민족을 위하여 담대하게 행동하게 하소서.
예수님의 이름으로 기도드립니다. 아멘.

욥처럼 의롭고 신실하게 하소서

"주께서 그와 그의 집과 그의 모든 소유물을 울타리로 두르심 때문이 아니니이까 주께서 그의 손으로 하는 바를 복되게 하사 그의 소유물이 땅에 넘치게 하셨음이니이다" 욥 1:10.

마음의 중심을 보시는 하나님!
저희 아이도 하나님 보시기에 의로운 욥과 같이 하나님과 동행하며, 온전하고 정직하여 하나님을 경외하며 악에서 떠난 자가 되게 하소서.
하나님이 전적으로 신뢰하시고 사탄도 인정할 정도의 믿음을 주소서.
악한 세대 가운데서 온전한 자가 되게 해주소서.
하나님의 보호하시는 손길이 늘 함께하여 하는 일과 소유를 지켜주소서.
주님이 아이의 울타리가 되어주시고 생명싸개가 되어주소서.
주님의 뜻을 따라 행하는 범사에 복을 주셔서 손으로 하는 모든 일을 형통하게 하시고, 다른 사람에게 베풀기를 좋아하고, 어려운 사람들에게 힘이 되게 하소서.
그리하여 아이의 자녀와 후손이 하나님의 복을 누리게 하소서.
예수님의 이름으로 기도드립니다. 아멘.

다니엘 같은 굳건한 믿음을 주소서

"다니엘은 뜻을 정하여 왕의 음식과 그가 마시는 포도주로 자기를 더럽히지 아니하리라 하고 자기를 더럽히지 아니하도록 환관장에게 구하니" 단 1:8.

올바른 것을 선택할 수 있는 지혜와 실행할 수 있는 결단성을 주시는 하나님!
아이에게 다니엘처럼 바른 뜻을 정하고 환경과 자신을 다스릴 줄 아는 믿음을 주소서.
세상과 적당히 타협하여 살아가는 기회주의자가 되지 않게 하시고, 하나님의 뜻을 알면서도 사람의 눈치나 살피며 확실한 결정을 내리지 못하는 비겁한 사람이 되지 않게 하소서. 하나님의 뜻이 아니면 "아니오"라고 말할 수 있는 용기를 주소서.
유혹과 어려움이 많은 세상에서 자신이 하나님의 사람임을 나타내며 주님이 주시는 원칙을 따라 의로운 삶을 살게 하시고, 하나님의 사람이 잘되고 승리하는 것을 세상에 보여주게 하소서.
자기를 더럽히지 않기 위하여 결단하고 나아갈 때, 하나님께서 개입해 주셔서 주님의 영광을 나타내 주소서.
예수님의 이름으로 기도드립니다. 아멘.

세례 요한처럼 주님의 길을 예비하게 하소서

"요한이 모든 사람에게 대답하여 이르되 나는 물로 너희에게 세례를 베풀거니와 나보다 능력이 많으신 이가 오시나니 나는 그의 신발끈을 풀기도 감당하지 못하겠노라 그는 성령과 불로 너희에게 세례를 베푸실 것이요" 눅 3:16.

주님이 오시는 길을 예비하게 하시는 하나님!
아이가 세례 요한처럼 주님의 길을 예비하고 닦는 사람이 되게 하소서. 먼저는 주님이 자신에게 오시는 길을 준비하여 맞아드리고, 다른 사람들도 주님께 가는 길을 마련하고 인도하게 하소서. 사람들에게 하나님이 주신 말씀을 담대하게 전하는 사람이 되게 하소서.
세상에서 물질을 남기기보다 사람을 남기는 자가 되게 하소서. 사람 앞에 겸손할 줄 알며 주님만을 높이는 삶을 살게 하소서.
쫓기는 삶이 아니라 내면에 중심을 잡고 부름 받은 삶을 살게 하소서. 분명한 사명감을 가지고 그 목적이 이끄는 삶을 살게 하소서. 안에서 밖으로 뻗어가는 인생 경영을 하게 하소서.
주님으로부터 "사람이 낳은 자 가운데 큰 자"라는 평가를 듣게 하소서.
예수님의 이름으로 기도드립니다. 아멘.

태아에게 보내는 편지

✼ 태아에게 주고 싶은 말을 남겨본다

2장 • 하나님이 기뻐하시는 가정을 위한 기도

자녀를 위한 기도 맥아더

약할 때 자기를 돌아볼 줄 아는 여유와
두려울 때 자신을 잃지 않는 대담함을 가지고
정직한 패배에 부끄러워하지 않고 태연하며
승리에 겸손하고 온유한 자녀를 내게 주옵소서.

생각해야 할 때 고집하지 말게 하시고
주를 알고 자신을 아는 것이 지식의 기초임을 아는 자녀를
내게 허락하옵소서.

원하옵나니 그를 평탄하고 안이한 길로 인도하지 마옵시고
고난과 도전에 직면하여
분투 항거할 줄 알도록 인도해 주소서.

그리하여 폭풍우 속에서 용감히 싸울 줄 알고
패자를 관용할 줄 알도록 가르쳐 주소서.
그 마음이 깨끗하고 그 목표가 높은 자녀를,
남을 정복하려고 하기 전에

먼저 자신을 다스릴 줄 아는 자녀를,
장래를 바라봄과 동시에 지난 날을 잊지 않는 자녀를
내게 주소서.

이런 것들을 허락하신 뒤에 이에 더하여
내 자녀에게 유머를 알게 하시고
생을 엄숙하게 살아감과 동시에 생을 즐길 줄 알게 하소서.

자기 자신에 지나치게 집착하지 말게 하시고
겸허한 마음을 갖게 하셔서
참된 위대성은 소박함에 있음을 알게 하시고
참된 지혜는 열린 마음에 있으며
참된 힘은 온유함에 있음을 명심하게 하소서.

그리하여 나 아버지는 어느 날
내 인생을 헛되이 살지 않았노라고
고백할 수 있도록 도와주소서.

하나님이 기뻐하시는 가정을 이루게 하소서

"너희의 믿음의 역사와 사랑의 수고와 우리 주 예수 그리스도에 대한 소망의 인내를 우리 하나님 아버지 앞에서 끊임없이 기억함이니" 살전1:3.

가정을 만드시고 가정을 통하여 천국을 보여주시는 하나님!
저희가 앞으로 생길 아이와 더불어 하나님이 기뻐하시는 가정을 이루게 하소서.
무슨 일을 하든지 믿음으로 행하고, 온전한 소망 가운데 인내할 줄 알며, 사랑하기 때문에 서로에 대한 수고를 아끼지 않는 가정이 되게 하소서.
하나님을 주인으로 모시고 하나님의 임재 안에 사는 복된 가족이 되게 하소서.
서로를 '공로의 원리'가 아니라 '은혜의 원리'로 대하는 천국 가정을 이루게 하소서. 오 리를 가자고 하면 십 리를 가주고, 속옷을 달라고 하면 겉옷까지 주는 마음을 주소서. 사랑하고 사랑 받고, 용서하고 용서 받고, 이해하고 이해 받는 가족이 되게 하소서.
하나님만 섬기며, 은혜 안에서 감사하며, 주신 사명을 감당하는 가정이 되게 하소서. 언제 어느 곳에든지 서로를 돌아보며, 하나님 앞에서 서로를 위해 기도하는 가족이 되게 하소서.
예수님의 이름으로 기도드립니다. 아멘.

행복한 가정이 되게 하소서

"네 집 안방에 있는 네 아내는 결실한 포도나무 같으며 네 식탁에 둘러앉은 자식들은 어린 감람나무 같으리로다" 시 128:3.

가정의 행복을 타고난 복으로 주시는 하나님!
저희가 하나님이 주실 아이와 시간을 함께하는 것에 우선순위를 두게 하시고, 아이가 자신의 고백으로 하나님을 주로 모실 수 있도록 인도하소서.
아이가 하나님을 의지하며 기도하고 말씀 가운데 살아가는 모습을 보고 자라게 하소서.
부모를 마음으로부터 존경하며 보람과 기쁨을 주는 아이로 자라게 하소서.
부모의 사랑을 알게 하시고, 부모의 가르침에 순종하는 자녀가 되게 하소서.
가족들의 친밀감 안에서 아이가 안정감과 소속감을 느끼게 하시고, 자신에 대한 밝은 자화상과 자긍심을 가지고 날마다 자라게 하소서.
가정의 번영과 행하는 일의 형통과 자손의 복을 받게 하소서.
하나님을 경외하던 가정들이 받았던 복을 누리게 하소서.
예수님의 이름으로 기도드립니다. 아멘.

서로 의지하고 격려하는 가정이 되게 하소서

"보라 형제가 연합하여 동거함이 어찌 그리 선하고 아름다운고" 시 133:1.

저희 가운데 계시는 하나님!
하나님이 중심이 된 저희 가정이 행복한 형제자매 관계를 이루게 하소서. 형제자매가 서로 우애하며 사이좋게 지낼 수 있도록 하소서. 서로 사랑하고 이해하며 존경하기를 먼저 하게 하소서 롬 12:10.
서로 비교하거나 다투지 않게 하시고, 서로 연합할 줄 알고 사랑으로 의지하고 격려하며 힘을 얻게 하소서.
서로의 장점을 진심으로 칭찬하며, 성공에 함께 기뻐하고, 실패에 깊이 격려하며, 실수를 솔직하게 시인하고 용서 받을 수 있게 하소서.
저희도 부모로서 아이들을 편애하거나 관계를 어렵게 하지 않게 하소서.
떨어져 있을 때 서로를 그리워하고, 모일 때마다 함께 즐거워하며, 아름답고 선하신 하나님의 뜻을 이루기 위해 힘을 모으게 하소서.
은혜의 원리로 서로를 대하는 천국 가정을 이루게 하소서.
예수님의 이름으로 기도드립니다. 아멘.

저희의 가는 길을 평탄하게 하소서

"주께서 심지가 견고한 자를 평강하고 평강하도록 지키시리니 이는 그가 주를 신뢰함이니이다" 사 26:3.

믿는 자들을 지키시되 끝까지 보호하시는 하나님!
주님이 저희의 구원을 보증하는 견고한 성벽과 영원한 반석이 되시니, 저희 가정이 주님만을 전적으로 믿고 의지하며 살게 하소서.
주를 믿는 자는 부끄러움을 당하지 않는다고 하셨으니, 주님을 의지하고 살아가는 저희의 삶을 견고한 믿음의 터전 위에 세워 주소서.
주님의 말씀 위에 가정을 세우기를 원합니다.
평생 흔들림 없는 굳은 믿음으로 주님 안에 살게 하소서.
주 안에 있는 약속된 평안과 기쁨을 누리게 하시고, 어디에 있든지 안전하고, 무엇을 하든지 형통하도록 인도하소서.
언제나 사랑과 감사가 넘치는 화목한 가정을 이루게 하소서.
예수님의 이름으로 기도드립니다. 아멘.

사방에 평안을 주소서

"보라 내가 이 성읍을 치료하며 고쳐 낫게 하고 평안과 진실이 풍성함을 그들에게 나타낼 것이며" 렘 33:6.

고통 가운데 소원을 주시고, 기도를 통하여 선물을 더 값지게 만드시는 하나님!
저희에게 있는 상처와 아픔을 창조적으로 사용하셔서 하나님의 크신 역사를 이루는 아름다운 재료가 되게 하소서.
모든 것을 합력하여 선을 이루시는 하나님의 손길을 믿사오니, 저희가 많은 사람들 앞에서 주의 기쁜 이름이 되며 찬송과 영광이 되게 하소서.
주님이 주시는 참된 평안과 진리를 나타내시고 그것을 맛볼 수 있도록 하소서. 주님은 은혜가 풍성하시며, 주님의 역사는 측량할 수 없음을 알게 하소서.
저희에게 베푸신 모든 복을 사람들이 듣고 하나님께 영광을 돌리게 하소서. 저희의 삶의 지경에 평안을 더하시고, 즐거운 소리, 감사하는 소리가 넘치게 하시며, 저희를 통해 하나님이 하시는 위대한 일들을 나타내소서.
예수님의 이름으로 기도드립니다. 아멘.

길르앗의 유향으로 저희를 치유하소서

"길르앗에는 유향이 있지 아니한가 그곳에는 의사가 있지 아니한가 딸 내 백성이 치료를 받지 못함은 어찌 됨인고" 렘 8:22.

만병의 의사가 되시는 하나님!
저희의 모든 허물과 상처를 주님 앞에 숨길 수 없습니다.
주님 앞에 저희의 상처와 슬픔을 다 내어놓고 주님의 도움을 구합니다. 저희에게는 과거에 대한 후회와 어찌할 수 없었던 실수, 현재의 무능력, 앞으로 당할 일에 대한 두려움이 있습니다.
하지만 주님께는 어떤 것도 치유하실 수 있는 길르앗의 유향이 있습니다. 주님의 치유의 능력은 과거의 모든 상처와 허물을 다 고치시는 것을 믿습니다.
"여호와여 주는 나의 찬송이시오니 나를 고치소서 그리하시면 내가 낫겠나이다 나를 구원하소서 그리하시면 내가 구원을 얻으리이다" 렘 17:14.
저희의 상처에 주의 기름을 부어주시고 새 살이 돋게 하소서.
사죄의 확신과 치유의 기쁨과 성령의 평안을 주시고, 건강한 마음으로 아이를 품게 하소서.
예수님의 이름으로 기도드립니다. 아멘.

새로운 삶을 살게 하소서

"그런즉 누구든지 그리스도 안에 있으면 새로운 피조물이라 이전 것은 지나갔으니 보라 새것이 되었도다" 고후 5:17.

치유하시고 새로운 역사를 일으키시는 하나님!
옛사람이 더 이상 저희를 주장하지 못하게 하심을 감사합니다.
옛사람에게 속했던 거짓과 욕심과 교만과 허영과 다툼과 죄악은 사라지고, 의와 진리와 거룩함을 입은 새사람이 되게 하심을 감사합니다.
저희를 새로운 피조물로 만드셨으니, 옛사람에게 속한 것들은 동에서 서로 멀리 옮겨주소서.
이제는 저희에게 주신 약속과 축복을 바라보며 소망 가운데 나아갑니다.
하나님의 거룩한 자녀를 잉태하기 위하여 새롭게 결단하오니, 저희에게 은혜를 내려주소서.
하나님과 함께 일하는 자로서 은혜를 헛되이 받지 않게 하시고,
하나님과 화목하고, 세상에서 화목하게 하는 직분을 감당하게 하소서.
예수님의 이름으로 기도드립니다. 아멘.

약할 때 강함 주시는 하나님을 경험하게 하소서

"나에게 이르시기를 내 은혜가 네게 족하도다 이는 내 능력이 약한 데서 온전하여짐이라 하신지라 그러므로 도리어 크게 기뻐함으로 나의 여러 약한 것들에 대하여 자랑하리니 이는 그리스도의 능력이 내게 머물게 하려 함이라" 고후 12:9.

저희가 약할 때 오히려 강하게 역사하시는 하나님!
저희의 몸과 마음이 약함으로 주님을 더욱 의지합니다.
저희의 연약함을 주님께 내어놓사오니 주님의 능력으로 채워주소서. 저희에게 영육 간의 건강을 주시고, 주님의 능력 있는 팔로 강하게 붙드셔서 항상 곁에서 역사하시는 주님을 경험하게 하소서.
육체적·정신적·영적 피곤함을 물리쳐 주시고 새 힘을 공급해 주소서. 저희의 약함과 주님의 강함이 연합하여 온전함을 이룰 수 있도록 도와주소서. 날마다 주님을 앙망하며 독수리가 날개 치며 올라감 같은 새 힘을 얻게 하소서.
달음박질해도 곤비하지 않고 걸어가도 피곤하지 않는 힘을 주소서. 주님의 능력이 항상 저희와 함께하셔서 약함 가운데 강함을 체험하게 하소서.
예수님의 이름으로 기도드립니다. 아멘.

마음에 하나님만 주인으로 모시게 하소서

"너는 나 외에는 다른 신들을 네게 두지 말라" 출 20:3.

저희의 창조자요, 구원자이신 하나님!
저희가 순전한 마음으로 오직 하나님만 섬기게 하소서.
이 계명은 모든 계명의 기초가 되며 내면의 척도가 되는 줄 믿사오니, 마음의 동기가 순수하게 하나님만 예배의 대상으로 삼게 하소서.
한정적이고 부분적인 것에 절대적이고 완전한 가치를 부여하지 않게 하시고, 그렇게 착각하여 잘못된 것들을 생활의 척도로 삼지 않게 하소서.
하나님 외에 저희의 예배를 받을 존재가 없다는 선언으로, 저희가 얼마나 존귀한 존재로 지음 받았는가를 알게 하소서.
하나님께서 선물로 주신 고귀한 자유를 저버리고, 생명을 주지 못하는 세상 것들에 종노릇하는 어리석음을 범치 말게 하소서.
오직 하나님만 섬기고 사랑함으로 모든 계명을 이루게 하소서.
예수님의 이름으로 기도드립니다. 아멘.

새벽을 깨우게 하소서

"새벽 아직도 밝기 전에 예수께서 일어나 나가 한적한 곳으로 가사 거기서 기도하시더니"막 1:35.

새벽에 기도를 들으시는 하나님!
새벽을 깨우는 사람이 역사의 새벽을 깨우는 줄로 믿습니다.
저희와 앞으로 태어날 아이가 새벽에 기도하던 믿음의 거장들을 본받게 하소서.
아브라함의 새벽 기도창 22:3, 야곱의 새벽 기도창 32:31, 여호수아의 새벽 기도수 6:15, 기드온의 새벽 기도삿 6:38, 한나의 새벽 기도삼상 1:19, 다윗의 새벽 기도시 119:147를 따르게 하소서.
예수님도 새벽에 기도하심으로 하나님의 뜻을 이루신 것처럼, 새벽부터 기도 가운데 살면서 온전한 승리를 예언하게 하소서.
기도로 하루를 열게 하시고, 기도로 하루를 마무리하게 하소서.
새벽에 기도한 열매를, 낮에 가정과 학교와 일터에서 거두게 하소서.
새벽에 도우시는 하나님을, 기도할 때마다 경험하게 하소서.
기도하면서 일하고, 일하면서 기도하게 하소서.
기도로 일하는 법을 배우게 하소서.
예수님의 이름으로 기도드립니다. 아멘.

아이에게 행할 것을 가르쳐 주소서

"마노아가 여호와께 기도하여 이르되 주여 구하옵나니 주께서 보내셨던 하나님의 사람을 저희에게 다시 오게 하사 저희가 그 낳을 아이에게 어떻게 행할지를 저희에게 가르치게 하소서 하니" 삿 13:8.

하나님의 위대한 사역을 위해 생명을 주시는 하나님!
삼손의 아버지 마노아와 그 아내처럼 간절한 마음으로 기도합니다. 약속의 자녀를 저희에게 주시겠다고 약속하심을 감사합니다. 저희가 낳을 아이에게 어떻게 행할지를 저희에게 먼저 가르치소서.
아이를 어떻게 기르며, 아이가 어떻게 살아가야 하는지를 저희에게 알려주소서.
하나님의 지혜와 총명을 주셔서 아이를 바로 인도하게 하소서.
주님의 말씀과 주님의 소원대로 아이를 키우기를 원합니다.
아이를 구별하셔서 세상의 온갖 유혹으로부터 지켜주소서.
말과 행실과 성품에서 본을 보이는 부모가 되게 하시고, 믿음과 헌신과 섬김에서도 본을 보이는 부모가 되게 하소서.
저희로 하여금 하나님의 뜻을 이루는 거룩한 자녀를 키우게 하소서.
예수님의 이름으로 기도드립니다. 아멘.

말씀 안에서 양육하게 하소서

"또 아비들아 너희 자녀를 노엽게 하지 말고 오직 주의 교훈과 훈계로 양육하라" 엡 6:4.

인자하게 저희를 깨우치시고 가르치시며 인도하시는 하나님!
저희가 오직 저희의 뜻을 이루기 위해 아이를 강요하지 않게 해주소서.
저희의 의욕과 욕심이 지나쳐서 아이를 힘들게 하거나 까닭 없이 화를 내어 아이의 마음에 상처를 주거나 아이를 무시하는 언행을 하지 않도록 도와주소서.
저희로 아이가 하나님이 맡겨주신 귀한 생명임을 한시도 잊지 않게 하시고, 오직 주님의 교훈과 훈계로 깨우치고 가르치도록 도와주소서.
그래서 아이가 아름답고 밝고 곧고 지혜롭고 건강하게 자라게 하소서.
언제나 아이를 향해 하나님 아버지의 마음을 품게 도와주소서.
저희의 모습을 통하여 아이가 하나님 아버지의 모습을 그릴 수 있게 하소서.
예수님의 이름으로 기도드립니다. 아멘.

2부
임신 기간 동안 드리는 기도

부모를 위한 기도
아이의 영성이 바르게 형성되기 위한 기도
아이의 육체와 정신이 건강하게 형성되기 위한 기도
아이의 습관과 성품이 아름답게 형성되기 위한 기도
아이의 승리하는 삶을 위한 기도

임신 기간 동안 마음과 뜻과 생각을 지켜주시고, 말하는 것, 듣는 것, 보는 것, 행하는 것 모두 지켜주시며, 영혼도 정신도 육체도 강건하게 하시고, 성령으로 충만하게 해주소서.

1장 • 부모를 위한 기도

어버이의 기도 게리 메이어즈

아이들의 마음을 헤아리고
아이들의 말을 끝까지 인내하며 듣게 하옵소서.
아이들의 묻는 말에는 단 한마디라도
마음 편안히 대답을 들려주게 하시고
아이들의 말을 가로막거나 핀잔을 주지 않게 하옵소서.
아이들이 나에게 공손하기를 바라는 것같이
나도 아이들에게 공손하게 해주소서.

내가 아이들에게 잘못하였다는 것을 깨달았을 때는
나의 잘못을 말하고 아이들의 용서를 구하는 용기를 주소서.
공연히 아이들의 감정을 상하게 하지 않기를 비오며
아이들의 과실을 비웃거나 창피를 주거나
조롱하는 일이 없도록 해주소서.
나의 말과 행동으로 정직은 행복의 지름길임을
증거하도록 인도해주소서.

내 마음속의 비열함을 깨끗이 씻어주시고
잔소리를 일삼지 않게 하옵소서.
오 주님이시여, 나의 기분이 언짢을 때
나의 혀를 다스리게 해주소서.
아이들의 사소한 잘못에 눈을 가리고,
착한 일만을 보도록 도와주소서.
아이들의 잘한 일에 대해서는 서슴없이
마음을 다해 칭찬하게 해주소서.
아이들의 나이대로 아이들을 대하고,
어른들의 판단이나 관습을 강요하지 말게 하옵소서.

내 스스로의 만족을 위하여
아이들에게 벌을 주는 일을 막아주소서.
정당한 소원은 빠짐없이 들어주고,
아이들에게 해로운 권리는
언제나 허락하지 않는 용기를 주소서.
나를 공평하고 정의로운 사람,
긍휼이 넘치는 다정한 사람으로 만드셔서
아이들의 존경을 받을 수 있는 사람이 되게 하옵소서.
아이들의 사랑을 받고
아이들의 거울이 될 만한 사람으로 만들어 주소서.

온갖 은혜를 베푸시는 주님을 찬양하게 하소서

"여호와여 사람이 무엇이기에 주께서 그를 알아주시며 인생이 무엇이기에 그를 생각하시나이까"시 144:3.

저희의 모든 것을 아시고 날마다 도와주시는 하나님!
저희 부부가 무엇이기에 이렇게 큰 사랑을 베풀어 주십니까?
저희에게 믿음으로 한 가정을 이루게 하시고, 이렇게 한마음으로 주님의 이름을 부르게 하신 것, 참으로 감사합니다.
저희에게 주신 새 생명도 참으로 놀랍고 감사하며 신비롭습니다.
저희에게 주어진 모든 것 가운데 하나도 당연한 것은 없습니다. 주님께서 무조건 베푸시는 일방적인 은혜입니다.
저희는 날마다 주님께서 보살펴 주시는 손길을 느끼며 살고 있습니다.
모든 지각에 뛰어난 하나님께서 저희의 모든 필요와 형편을 아시니, 믿음으로 모든 것을 주 앞에 내려놓고 담대히 나아갑니다.
저희의 몸과 마음과 영혼을 다하여 주님께 드리는 찬양과 감사를 받으소서.
예수님의 이름으로 기도드립니다. 아멘.

생명의 신비를 느끼게 하심을 찬양하게 하소서

"주께서 내 내장을 지으시며 나의 모태에서 나를 만드셨나이다 내가 주께 감사하오니 나를 지으심이 심히 기묘하심이라 주께서 하시는 일이 기이함을 내 영혼이 잘 아나이다"시 139:13-14.

만세 전부터 저희 부부를 아시고 부르신 하나님!
저희가 태어나기 전부터 저희를 위한 계획을 가지시고 저희를 창조하시고, 저희의 만남을 통하여 아이를 이 세상에 주심은 하나님의 섭리입니다.
저희가 이렇게 신비스럽고 오묘한 일을 어떻게 모두 이해하겠습니까?
앞으로 살면서 저희의 만남과 아이를 향하신 하나님의 뜻을 발견하도록 도와주소서.
믿음으로 저희의 삶을 주 앞에 기꺼이 내어드리오니, 이 아이가 하나님의 보내신 뜻을 온전히 알아 기쁘게 이루며, 저희뿐 아니라 온 세상에 아름답고 귀한 선물이 되게 하소서.
주님께서 행하신 모든 일을 많은 사람들이 보고 감사하며 찬양하게 하소서. 주님의 생각은 매우 크고 보배로워서 저희가 이루 헤아릴 길이 없습니다.
예수님의 이름으로 기도드립니다. 아멘.

큰 복이 임하는 시간이 되게 하소서

"큰 소리로 불러 이르되 여자 중에 네가 복이 있으며 네 태중의 아이도 복이 있 도다" 눅 1:42.

새 생명을 주시는 하나님!
저희로 아름다운 가정을 이루게 하시고, 이렇게 귀한 태의 열매를 잉태하게 하시니 감사드립니다. 이 얼마나 복 받은 소중한 생명입니까? 저희가 큰 복을 받았습니다.
임신 기간 동안 부모 되는 기쁨과 자녀 되는 영광을 함께 누리게 하소서. 하루하루 출산을 기다리는 중에도 하나님의 약속을 소망 중에 바라보며 믿음과 사랑으로 영글어가는 복된 시간이 되게 하소서.
저희를 길러주신 부모님의 사랑과 은혜를 생각하면서, 저희의 자녀에게 자랑스러운 부모가 되도록 믿음의 본을 보이게 하소서. 항상 영육 간의 강건함을 주시고 즐겁고 행복한 임신 기간이 되도록 도와주소서.
임신 기간이 저희에게 큰 복이며 태중의 아이에게도 큰 복이 임하는 시간이 되게 하소서.
아이로 인하여 저희의 인생이 더욱 귀하고 아름답게 하소서.
예수님의 이름으로 기도드립니다. 아멘.

주의 자녀의 집이 영원히 복을 받게 하소서

"다윗 왕이 여호와 앞에 들어가 앉아서 이르되 여호와 하나님이여 나는 누구이오며 내 집은 무엇이기에 나에게 이에 이르게 하셨나이까" 대상 17:16.

분에 넘치는 복을 주시는 하나님!
하나님은 주님을 위한 일을 생각만 해도 귀하게 받으시고 복을 주는 분이십니다. 어리고 보잘것없는 목동 다윗을 들어 이스라엘 목자로 삼으시고 그와 함께하셔서 세상의 위대한 자가 되게 하신 것이, 하나님의 역사입니다.
저희도 부족한 것이 많지만 지금까지 저희를 인도하시고 저희에게 복을 주심에 감사드립니다.
저희가 누구이며 무엇이기에, 이렇게 일마다 때마다 은혜를 주십니까?
저희 가정에 허락하시는 자녀도 하나님의 크신 역사를 위하여 예비하심을 믿고, 주님께 영광과 감사를 드립니다.
저희의 믿음 위에 아이가 하나님의 집을 견고하게 세우게 하시고, 저희에게 주신 은혜 위에 아이가 세상의 존귀한 자가 되게 하소서.
저희로 하여금 하나님의 자녀 된 복을 영원히 누리게 하소서.
예수님의 이름으로 기도드립니다. 아멘.

저희를 세우신 하나님의 뜻을 알게 하소서

"여인이 어찌 그 젖 먹는 자식을 잊겠으며 자기 태에서 난 아들을 긍휼히 여기지 않겠느냐 그들은 혹시 잊을지라도 나는 너를 잊지 아니할 것이라" 사 49:15.

저희의 아버지 되시는 하나님!
아이를 임신한 기간 동안 저희는 하나님의 마음을 봅니다.
부모가 되는 기쁨과 아픔은 모두 아버지 하나님의 마음입니다.
하나님은 태에서부터 저희를 부르셨고, 저희를 기억하셨으며, 하나님의 영광을 나타낼 자로 저희를 기르셨습니다 사 49:1,3.
저희를 이방의 빛으로 삼아 하나님의 구원을 베풀 자로 세우셨습니다. 아이가 자라면서 이런 하나님을 더욱 깊이 알아가게 하시고, 아버지의 마음을 기쁘시게 하는 자녀가 되게 하소서.
저희를 사랑하시는 하나님 아버지의 마음으로 자녀를 대하고 가르치게 하소서. 이전보다 더욱 성숙한 믿음으로 저희를 이끌어 주소서.
아이도 저희의 사랑과 관심을 부담스러워하지 않고 진심으로 이해하게 하소서.
아이를 향한 저희의 기대와 기도가 하나님의 도우심으로 이루어지게 하소서.
예수님의 이름으로 기도드립니다. 아멘.

하나님이 기뻐하시는 어머니가 되게 하소서

"주께서 하신 말씀이 반드시 이루어지리라고 믿은 그 여자에게 복이 있도다"눅 1:45.

오랜 기다림 끝에 귀한 선물을 주시는 하나님! 임신 기간이 하나님과 저희와 아이가 한 몸 되어 소통하는 은혜의 시간이 되게 하소서. 하루하루 아이의 온 몸과 정신과 영혼이 건강하고 충실하게 자라게 하시고, 저/아내도 몸의 변화를 잘 받아들여 건강하고, 평안하고, 성령 충만한 시간을 보내게 하소서.

저/아내에게 하나님의 충만한 사랑과 풍성한 은혜를 날마다 내려 주소서. 입덧도 잘 지나가게 하시고, 영양도 골고루 균형 있게 공급되게 하시고, 즐거운 마음으로 감사하면서 일이나 사람들로부터 스트레스를 받지 않게 하소서.

크고 작은 사고로부터 항상 눈동자같이 지켜 보호해 주시며, 적당한 운동을 하면서 선하고 아름다운 마음가짐을 가질 수 있도록 도와주소서. 새 생명에 대한 소망을 품고 기도와 말씀이 충만한 가운데 아이와 함께하는 시간을 소중하게 여기며 감사하게 하소서. 하나님의 사랑이 늘 충만하게 넘쳐서 저/아내나 아이 모두 영육 간에 건강하게 하소서.

기독교 역사에 위대한 어머니들의 본을 따라 하나님이 기뻐하시는 어머니가 되게 하소서. 예수님의 이름으로 기도합니다. 아멘.

성령 충만함을 주소서

"엘리사벳이 마리아가 문안함을 들으매 아이가 복중에서 뛰노는지라 엘리사벳이 성령의 충만함을 받아" 눅 1:41.

우주에 충만한 생명의 영이신 성령님!
세례 요한을 임신한 엘리사벳처럼 저희 부부도 성령 충만하게 해주소서.
임신 기간 동안 마음과 뜻과 생각을 지켜주시고, 말하는 것, 듣는 것, 보는 것, 행하는 것 모두 지켜주시며, 영혼도 정신도 육체도 강건하게 하시고, 성령으로 충만하게 해주소서.
태중의 아이와 영적으로 혼연일체 되어 주님을 알고 경배하며, 주님께 감사하면서 은혜 안에서 임신 기간을 보내게 하소서.
아이가 영적 민감성과 분별력을 가지고 성령에 사로잡힌 삶을 살게 하소서.
기도의 생명줄을 타고 아이의 일생을 이어갈 성령의 역사가 이어지게 하소서.
성령님이 공급하시는 풍성한 생명을 누리게 하시고, 저희도 영혼의 복을 누리게 하소서.
예수님의 이름으로 기도드립니다. 아멘.

과거에 받았던 마음의 상처를 치유하소서

"상심한 자들을 고치시며 그들의 상처를 싸매시는도다" 시 147:3.

마음을 살피시며 상한 마음을 고치시는 하나님!
아직도 여러모로 부족한 저희가 이제 아버지가 되고 어머니가 됩니다.
아이가 저희의 모습을 통하여 하나님을 볼 수 있기를 원합니다. 아이가 저희 가정에서 하나님 나라를 경험할 수 있기를 원합니다.
저희가 지난 세월 동안 받았던 악한 영향력을 끊어주소서.
저희의 부모나 형제, 그리고 주위 사람들에게 받았던 마음의 상처를 치유해 주소서. 하나님의 은혜로 아름다운 가정을 이루었으니, 더 이상 아픔을 아이에게 물려주고 싶지 않습니다.
저희를 힘들게 했던 사람들도 이제 주님의 이름으로 용서합니다.
해결하지 못한 모든 짐들도 있는 그대로 주님께 맡깁니다.
저희의 마음을 만져주시고 심령을 온전히 치유해 주소서.
말이나 생각, 행동으로 아이에게 좋지 않은 영향력을 물려주지 않도록 해주소서.
모든 속박과 어둠을 끊기 원하오니, 주님의 보혈로 저희를 씻어주소서.
예수님의 이름으로 기도드립니다. 아멘.

마음의 평안을 주소서

"내 영혼아 네가 어찌하여 낙심하며 어찌하여 내 속에서 불안해 하는가 너는 하나님께 소망을 두라 나는 그가 나타나 도우심으로 말미암아 내 하나님을 여전히 찬송하리로다" 시 42:11.

언제나 저희의 도움이 되시며 소망이 되시는 하나님!
저희 마음에 일어나는 낙심과 염려와 불안을 제거해 주소서.
부정적인 자아가 저희에게 말하지 않게 하시고, 어려운 상황이 저희에게 말하지 않게 하소서. 오히려 저희가 서로에게 용기를 주는 말을 하며, 상황을 변화시키게 하소서.
임신 기간 내내 저/아내의 몸과 마음을 지켜주셔서 육체의 변화 때문에 마음이 위축되거나 우울해 하거나 불안한 마음을 갖지 않게 하소서.
영적 침체 상황을 맞지 않도록 영혼에 햇빛을 비추어 주소서.
부정적인 생각이 마음에 자리 잡지 못하도록 마음과 생각을 지켜 주소서.
하나님을 바라보며 하나님께 소망을 두게 하소서.
항상 주님께 찬양과 감사를 드리게 하시고, 주님의 말씀 가운데 거하며 기도하게 하소서.
주님의 돕는 손길을 느끼며 믿음 가운데 확신을 갖게 하소서.
예수님의 이름으로 기도드립니다. 아멘.

참된 부모가 되게 하소서

"우리 아들들은 어리다가 장성한 나무들과 같으며 우리 딸들은 궁전의 양식대로 아름답게 다듬은 모퉁잇돌들과 같으며" 시 144:12.

자녀의 복을 누리게 하시는 하나님!
여호와를 저희 가정의 하나님으로 삼는 복을 주심을 감사드립니다.
저희에게 창고가 넘치고 기업이 번성하는 물질적인 복을 주실 줄 믿습니다.
이 모든 것보다 자랑스러운 아들/아름다운 딸을 주심을 감사드립니다.
저희가 아이에게 음식, 옷, 안전을 제공하고, 양육비와 교육비를 지불하는 것으로 부모의 역할을 다했다고 만족하지 않게 하소서.
정신적으로 지지해주고, 사랑으로 보살펴주며, 양질의 시간을 함께하고, 영혼의 양식을 공급하는 참된 부모가 되게 하소서.
사람들에게도 은혜를 베풀어 저희 자녀가 복을 받게 하소서.
저희의 하나님을, 아이도 자신의 하나님으로 고백하여 복을 상속받게 하소서.
예수님의 이름으로 기도드립니다. 아멘.

하나님의 말씀을 듣고 지키는 복을 주소서

"이 말씀을 하실 때에 무리 중에서 한 여자가 음성을 높여 이르되 당신을 밴 태와 당신을 먹인 젖이 복이 있나이다 하니" 눅 11:27.

신령한 자녀를 잉태하게 하신 하나님!
아이를 통하여 저희가 복 받은 사람임을 만인이 알게 하소서.
복스러운 자녀를 잉태하게 하시고, 은혜 안에서 하루하루 임신 기간을 보내게 하심을 감사합니다.
건강하게 출산하여 젖을 먹이며 기르게 하실 날을 기대합니다.
예수님이 말씀하신 대로 혈연적으로 부모가 된 복뿐 아니라 하나님의 말씀을 듣고 지키며 살아가는 영적인 부모의 복도 누리게 하소서.
아이에게 기도와 말씀을 부지런히 가르치고 저희가 먼저 본을 보임으로, 말씀을 따라 살아가는 자녀로 세울 수 있도록 저희에게 믿음을 더하여주소서.
아이의 삶을 통하여 하나님께서 영광 받으시고 저희의 삶도 의미 있고 보람되게 하소서.
자녀의 복을 누리는 부모가 되게 하소서.
예수님의 이름으로 기도드립니다. 아멘.

하나님의 음성을 들을 귀를 주소서

"사무엘이 이르되 여호와께서 번제와 다른 제사를 그의 목소리를 청종하는 것을 좋아하심같이 좋아하시겠나이까 순종이 제사보다 낫고 듣는 것이 숫양의 기름보다 나으니" 삼상 15:22.

저희에게 말씀하시는 하나님!
저희의 진정한 기도는 하나님의 음성을 들음으로부터 시작되는 줄 믿사오니, 저희에게 하나님의 음성을 밝히 알아들을 수 있는 복된 귀를 주소서. 말씀을 경청하지 않으면 말씀이 사라지는 줄 아오니, 말씀을 대접하게 하소서. 귀로만 듣는 것이 아니라 온 몸과 삶으로 듣게 하소서. 말씀이 아이의 육신을 입고 육화가 되어, 생각이 되고 행동이 되며 인격이 되게 하소서. 청종하는 것은 하나님을 사랑하고, 경외하고, 순종하는 길인 줄 믿습니다. 아이가 살아 있고 새롭게 하시는 하나님의 말씀에 마음을 열게 하소서. 그뿐 아니라 역사의 소리도 듣고, 자연에게서도 듣고, 이웃에게서도 듣게 하시고, 그 소리들 가운데 들려주시는 하나님의 음성도 분별하게 하소서. 부모인 저희도 아이의 말을 진심으로 들을 수 있게 하시고, 아이를 통해 저희에게 들려주시는 하나님의 말씀도 듣게 하소서. 아이도 저희의 말을 귀담아 듣게 하시고, 저희도 서로의 말을 진심으로 듣게 하소서.
예수님의 이름으로 기도드립니다. 아멘.

저희 기도의 열매가 아이 삶에 나타나게 하소서

"내가 기도하노라 너희 사랑을 지식과 모든 총명으로 점점 더 풍성하게 하사" 빌 1:9.

아이 안에서 선한 일을 시작하신 하나님!
아이의 삶을 통하여 그리스도 예수의 날까지 이루실 줄을 믿습니다.
아이를 위하여 기도할 때마다 저희 안에 감동과 기쁨과 감사가 넘치게 하소서.
하나님을 사랑하며, 예수님을 닮아가며, 성령님의 인도를 받게 하소서.
아이가 건강하게 자라며 지식과 지혜와 총명이 더할수록, 하나님을 더욱 깊고 넓고 크고 많이 사랑하게 하소서.
영적 분별력으로 하나님의 뜻과 선한 일을 잘 알게 하시고, 그리스도의 날까지 진실하고 허물이 없게 하소서.
그리스도 예수의 아름다운 의의 열매를 많이 맺어 하나님께 영광과 찬송을 돌리게 하소서.
예수님의 이름으로 기도드립니다. 아멘.

주님의 마음으로 아이를 섬기게 하소서

"형제들아 너희가 자유를 위하여 부르심을 입었으나 그러나 그 자유로 육체의 기회를 삼지 말고 오직 사랑으로 서로 종노릇하라" 갈 5:13.

제자들의 발을 씻기심으로 섬김의 본을 보여주신 주님!
아이를 돌보면서 작은 자를 섬기는 법을 배우게 하소서.
봉사는 상대방이 필요한 것을 찾아서 해주는 것인 줄 압니다.
아이는 태어나는 순간부터 저희 부모에게 절대 의존적일 수밖에 없습니다. 태어난 아이를 보듬고, 얼굴을 닦아주고, 목욕을 시켜주고, 젖을 먹이고, 트림을 시키고, 기지개를 켤 수 있도록 돕고, 시간에 맞춰 기저귀도 갈아주고, 다리 운동도 시킬 것입니다.
아이가 태중에서도 건강하게 자리를 잘 잡아가도록 엄마인 제/아내가 운동을 게을리 하지 않게 하소서.
아기의 태동을 느끼면서 엄마의 숨소리, 목소리, 움직임 하나하나도 조심스럽게 하여 아기가 태중에서 건강하게 잘 자라게 하소서.
태중의 아이를 배려하는 말과 행동, 바른 마음가짐과 몸가짐으로 지내게 하소서.
저희에게 주신 무한한 자유가 서로를 위해 사랑으로 섬기는 자유가 되게 하소서.
예수님의 이름으로 기도드립니다. 아멘.

사랑의 접촉으로 아이가 사랑을 느끼게 하소서

"사람들이 예수께서 만져주심을 바라고 자기 어린 아기를 데리고 오매" 눅 18:15.

전능하신 손길로 저희를 만지셔서 온전케 하시는 하나님!
예수님은 어린아이들을 가까이 오게 하사 만져주면서 축복하셨습니다. 그 예수님의 사랑스러운 손길이 저희 아이에게도 임하게 하소서. 예수님의 온전하게 하시는 능력의 손길로 태중의 아이를 만져주소서. 저희도 날마다 불러오는 배를 보듬고 아이를 만지면서 기도합니다.

아동발달 단계별로 적절한 육체적인 접촉이 사랑을 전달하는 방법임을 압니다. 아이가 태중에서도 하나님의 만져주심과 저희의 사랑의 접촉을 충분히 받고, 태어나서 성장하는 동안 사람들로부터 사랑의 접촉을 많이 받으며 자라게 하소서.

먼저 부모인 저희가 서로 사랑의 접촉을 많이 하여 그것이 아기에게 전달되고, 아기는 세상에서 가장 편안한 모습으로 태중에서 잘 자라게 하소서.

태어날 때 저희 품에서 아기가 세상에 나온 첫 울음을 터트리게 하소서. 그 가슴 벅찬 순간을 기대하면서 오늘도 주님께 감사기도를 드립니다.

예수님의 이름으로 기도드립니다. 아멘.

아이와 함께하는 시간을 감사하게 하소서

"두려워하지 말라 내가 너와 함께하여 네 자손을 동쪽에서부터 오게 하며 서쪽에서부터 너를 모을 것이며" 사 43:5.

저희와 언제나 함께하시는 '임마누엘'의 하나님!
창세 전부터 지금까지 저희와 함께하심을 믿습니다.
저희의 만남, 아이와의 만남에도 하나님의 섭리가 있음을 믿습니다. 저희 가정에 함께하시는 하나님의 섭리를 믿기에 두려움이 없습니다.
보배롭고 존귀하게 지음 받은 아이가 태중에서도 하나님의 사랑을 느끼게 하소서.
하나님의 영광을 위하여 창조하신 아이가 언제나 하나님과 함께하게 하소서. 하나님과 함께하는 시간을 귀하게 여기며 감사하게 하소서.
아이의 육체와 마음으로, 함께하시는 하나님의 사랑과 부모의 사랑을 느끼게 하소서.
저희 부부의 말 한마디, 행동 하나에도 아기와 함께하는 행복이 그대로 전달되게 하소서. 저/아내의 삼백 날을 태중의 아기와 함께하는 복을 주신 하나님을 찬양합니다.
신경과 혈관과 피부를 통해 서로의 사랑이 이어지게 하소서.
예수님의 이름으로 기도드립니다. 아멘.

매사에 아이에게 본이 되게 하소서

"형제들아 너희는 함께 나를 본받으라 그리고 너희가 우리를 본받은 것처럼 그와 같이 행하는 자들을 눈여겨보라" 빌 3:17.

여러 과정을 통하여 성숙한 삶으로 이끄시는 하나님!
자녀를 주심은 저희도 주 안에서 함께 자라가라고 주신 것으로 믿습니다. 아이를 키우면서 저희 인생의 깊이와 넓이와 높이가 더해지게 하소서. 하나님의 사랑 안에서 저희의 세계가 확장되게 하시고 더욱 하나님을 알아가게 하소서.
자녀에게 나를 본받으라고 떳떳하게 말할 수 있는 부모가 되게 하소서. 말뿐 아니라 행위로써도 가르치고, 존재 자체로서 아이에게 모범이 되게 하소서.
아이가 자라면서 저희를 가장 존경하는 사람으로 자랑스럽게 여기게 하소서. 하나님의 선한 영향력이 저희로부터 자녀에게 흘러가서 다른 사람들에게 전해지게 하소서.
아이에게 가치를 분별할 수 있는 지혜를 주셔서 선한 것을 본받게 하소서.
선한 일을 사모하며, 선한 일에 앞장서는 선량한 사람이 되게 하소서.
예수님의 이름으로 기도드립니다. 아멘.

아이에 대한 믿음의 확신을 주소서

"너희 염려를 다 주께 맡기라 이는 그가 너희를 돌보심이라" 벧전 5:7.

저희의 모든 필요를 예비하시고 공급하시는 하나님!
저희가 아이를 가지면서 건강의 문제, 경제적인 문제, 양육의 문제, 교육에 대한 생각, 험한 세상에 대한 생각, 장래에 대한 계획 때문에 때때로 염려가 찾아옵니다. 저희에게 담대한 믿음을 주셔서 이 모든 것을 주님의 손에 의탁하게 하소서.
주님께서 저희를 지금까지 책임지신 것처럼 아이도 책임지실 것을 믿습니다. 저희에게 선한 목자가 되신 주님, 아이에게도 선한 손길을 베푸사 모든 일을 넉넉히 감당하게 하소서.
아이를 항상 돌보아 주시고, 때를 따라 필요한 것들을 공급하실 줄 믿습니다.
저희가 알지 못하고 준비하지 못한 것까지 주님이 섭리 가운데 채우실 줄 믿습니다.
주님의 풍성하심을 따라 아무 부족함이 없도록 아이를 돌보아 주소서.
하나님이 공급하시는 힘으로, 하나님과 함께 아이를 양육하기를 원합니다.
예수님의 이름으로 기도드립니다. 아멘.

아이와 함께 소망이 자라게 하소서

"내가 너의 상처로부터 새 살이 돋아나게 하여 너를 고쳐주리라" 렘 30:17.

슬픔이 변하여 기쁨이 되게 하시는 하나님!
저희가 지내온 어려운 시간의 기억 때문에 아이가 살아갈 세상에 대한 두려움이 있습니다.
잘못된 과거의 기억으로부터 저희를 치유해 주소서.
다른 사람들에게 받았던 정서적이고 영적인 상처를 치유해 주소서. 이제 이 모든 것이 오히려 저희에게 약이 되어 새로운 생명이 움트는 삶을 살게 하소서.
아이에게는 건강한 육체와 깨끗한 마음, 그리고 온전한 심령을 주소서.
저희에게는 주님의 평강과 기쁨, 그리고 새로운 소망이 넘치게 하소서.
모든 악한 영향력들은 사라지게 하시고, 밝고 아름다운 생명이 피어나게 하소서.
태아가 자라남과 같이 저희에게도 새로운 생명이 싹터오게 하셔서, 아이가 저희에게뿐 아니라 세상에 평화를 가져오는 복된 인물이 되게 하소서.
예수님의 이름으로 기도드립니다. 아멘.

부모나 권위에 순종하는 법을 배우게 하소서

"자녀들아 모든 일에 부모에게 순종하라 이는 주 안에서 기쁘게 하는 것이니라"
골 3:20.

저희의 부모님이 되시는 하나님!
아이가 순종의 사람이 되기를 원합니다.
먼저 하나님의 말씀에 순종하는 아이로 자라게 하시고, 부모에게도 순종하는 착한 자녀가 되고, 세상의 권위에도 순종하는 법을 배우게 하소서.
저희가 아이를 생각하며 기도할 때마다 기쁨이 넘쳐서 감사의 기도가 터져나오게 하소서.
아이가 자랄수록 부모의 말씀의 지도를 받으며, 부모를 진심으로 존경하는 사람으로 살게 하소서.
사춘기 때에도 반항하는 아이가 아니라 부모와 함께 대화하며 어려운 시기를 잘 극복해나갈 수 있게 하소서.
가정이 화목하고 서로를 진심으로 대함으로써 가족 모두 깊은 정을 나누게 하소서.
마음의 벽이 없게 하시고 진심으로 부모를 귀하게 여기는 아이가 되게 하소서.
예수님의 이름으로 기도드립니다. 아멘.

믿음, 소망, 사랑이 넘치게 하소서

"그런즉 믿음, 소망, 사랑, 이 세 가지는 항상 있을 것인데 그중의 제일은 사랑이라" 고전 13:13.

믿음, 소망, 사랑의 하나님!
믿음, 소망, 사랑으로 저희와 함께해 주소서.
저희의 믿음 이전에 저희를 향한 하나님의 무한한 믿음이 있었음을 압니다. 저희의 소망 이전에 하나님은 저희의 영원한 소망임을 압니다. 저희의 사랑 이전에 하나님의 무조건적인 사랑이 있었음을 압니다.
하나님의 무한한 믿음과 영원한 소망과 희생적인 사랑이 오늘의 저희를 있게 했음을 압니다. 이런 하나님의 뜻과 저희의 사랑으로 소중한 아이를 잉태케 하심을 감사합니다.
아이가 하나님의 약속을 어떤 상황에서도 흔들리지 않고 신뢰하는 믿음을 주소서. 아이가 하나님의 은혜를 어떤 상황에서도 낙심하지 않고 갈망하는 소망을 주소서. 아이가 하나님의 복을 어떤 상황에서도 나눌 수 있는 풍성한 사랑을 주소서.
믿음과 소망과 사랑 안에서 하나님의 뜻을 이루어갈 수 있는 아이가 되게 하소서.
예수님의 이름으로 기도드립니다. 아멘.

아이가 인정과 격려를 받게 하소서

"너는 범사에 그를 인정하라 그리하면 네 길을 지도하시리라" 잠 3:6.

미약한 저희에게조차 인정받기를 원하시는 하나님!
아이가 태중에서부터 여호와를 인정하게 하소서.
저희 연약한 부모보다 더 큰 믿음으로 주를 시인하게 하소서.
모태에서부터 하나님의 손길을 느끼고 그 음성을 듣게 하소서.
하나님의 인도하심이 저희의 사랑과 돌봄을 통해 아이에게 전달되게 하소서.
그리하여 태중에서부터 안전과 평안과 기쁨을 느끼게 하소서.
아이는 저희 부부의 사랑의 결실입니다.
아이의 얼굴이 너무나 어여쁜 모습으로 그려집니다.
동그란 눈, 도톰한 입술, 부드러운 피부 모두 정말 사랑스러운 모습입니다. 아이의 목소리는 부드럽게 속삭이는 새 소리로 들리는 듯합니다.
태어나는 순간 엄마, 아빠와 환희의 만남이 있을 것을, 설레는 마음으로 기다립니다.
저희를 아이의 부모가 되게 하심을 정말 감사합니다.
저희는 범사에 하나님을 먼저 인정하오니 저희를 인도하소서.
예수님의 이름으로 기도드립니다. 아멘.

'나의 종, 내 영광을 나타낼 자'라고 불러주소서

"섬들아 내게 들으라 먼 곳 백성들아 귀를 기울이라 여호와께서 태에서부터 나를 부르셨고 내 어머니의 복중에서부터 내 이름을 기억하였으며" 사 49:1.

큰 영광을 나타내기 위하여 미리 아시고 부르신 하나님!
저희가 잉태를 자각하기도 전에 하나님은 아이를 이미 아셨고, 이름을 짓기도 전에 하나님은 아이를 기억하셨습니다.
이 모든 것은 사람의 계획을 따라 된 것이 아니라 하나님의 뜻을 따라 이루어진 것을 믿습니다.
저희가 아이의 부모가 되기 전에 하나님이 아이의 부모가 되셨사오니, 하나님의 형상이 아이에게 온전히 이루어지게 하소서.
매순간 하나님이 아이를 다듬고 만들고 세우셔서, 하나님의 영광을 만방에 선포하는 자가 되게 하소서.
아이가 복중에서도 하나님의 보살피시는 손길을 느끼게 하소서.
예수님의 이름으로 기도드립니다. 아멘.

아이가 저희의 자랑거리가 되게 하소서

"우리의 소망이나 기쁨이나 자랑의 면류관이 무엇이냐 그가 강림하실 때 우리 주 예수 앞에서 너희가 아니냐"살전 2:19.

참된 소망과 기쁨의 원천이신 하나님!
저희에게 주신 이 자녀가 하나님 앞에 섰을 때 가장 큰 업적이 되게 하소서.
저희가 가장 잘한 일이 이 아이를 양육하고 가르쳐서 하나님의 영광을 세상에 드러낸 일이 되게 하소서.
아이가 저희의 기도와 사랑과 소망을 먹고 자라게 하시고, 저희의 감사와 기쁨과 자랑이 되게 하소서.
아이를 통해 이루실 하나님의 역사가 크고 아름답게 하소서.
경건하고 의로운 자손을 남기는 것이 저희의 위대한 유산이 되게 하소서.
아이가 대한민국과 세계에 하나님이 원하시던 일들을 이루게 하소서.
아이가 하나님을 영화롭게 하며 주님께 면류관을 받아 쓰는 일꾼이 되게 하소서.
예수님의 이름으로 기도드립니다. 아멘.

아이가 저희의 기쁨이 되게 하소서

"너희는 우리의 영광이요 기쁨이니라" 살전 2:20.

영광의 하나님!
이 세상을 살면서 저희 부부의 보람과 기쁨이 무엇이겠습니까?
아이가 하나님 앞에 저희의 소망과 기쁨과 자랑의 면류관이 되게 하소서. 아이의 이름을 부르며 아이를 생각할 때마다 가슴에 기쁨이 넘쳐나게 하시고, 하나님을 향한 감사가 그치지 않게 하소서 엡 1:16.
아이 일생의 고비고비 모든 일들을 통하여 하나님의 영광을 나타내 주소서.
아이도 "하나님이 하셨어요"라고 고백함으로 하나님께 영광을 돌리게 하소서. 아이가 모든 일을 하나님이 주시는 힘으로 하고, 하나님의 영광을 위해 하게 하소서.
믿지 않는 세상 사람들로부터도 존경 받을 수 있는 인물이 되게 하시고, 하나님의 자녀로서 아름다운 모습을 보여주는 사람이 되게 하소서.
하나님이 하시는 일을 만방에 나타내는 사람이 되게 하소서.
예수님의 이름으로 기도드립니다. 아멘.

아이가 믿음의 유업을 잘 이어가게 하소서

"온전하게 행하는 자가 의인이라 그의 후손에게 복이 있느니라" 잠 20:7.

믿음의 유업으로 자녀를 주신 하나님!
저희 아이가 부모의 장점만 배우고 닮아가게 하소서.
온전한 부모가 되기에는 모자란 것이 많은 저희에게 귀한 자녀를 선물로 주셨사오니, 저희가 아이에게 부끄럽지 않고 본받을 만한 부모가 되게 하소서.
그리하여 아이가 아비의 훈계를 즐거이 들으며 어미의 법을 떠나지 않게 하소서.
아이가 어느 곳에서든 주님의 뜻 가운데 주님과 저희에게 기쁨이 되기 원합니다.
영적인 기초를 다시 새롭게 세워서 저희의 부족함을 아이가 답습하지 않게 하소서.
오직 아이에게 믿음의 가계에 흐르는 영적인 장점만이 뿌리 내려 주님께서 대대로 복 주시는 가문이 되게 되소서.
저희가 말씀 안에서 바르게 살아 아이가 하늘의 복을 누리게 하소서.
예수님의 이름으로 기도드립니다. 아멘.

아이가 언제나 감사기도의 제목이 되게 하소서

"우리 주 예수 그리스도의 하나님, 영광의 아버지께서 지혜와 계시의 영을 너희에게 주사 하나님을 알게 하시고" 엡 1:17.

우리의 믿음과 사랑, 그리고 소망 가운데 새 생명을 주신 하나님!
아이를 두고 기도할 때마다 한없는 기쁨과 하나님을 향한 감사가 넘칩니다.
아이에게 지혜와 계시의 성령을 부으셔서 날마다 하나님을 알아가게 하시고, 마음의 눈을 밝혀주셔서 자신을 부르신 하나님의 소명을 알게 하소서.
아이에게 주신 하나님의 영광의 기업을 풍성함을 알게 하시고, 하나님의 능력으로 베푸시는 크신 역사들을 알게 하소서.
그리하여 하나님이 부르신 소명자의 삶을 살게 하시고, 주 안에서 허락하신 풍성한 삶을 누리게 하시며, 성령님의 도우심을 받아 능력자의 삶을 살게 하소서.
예수님의 이름으로 기도드립니다. 아멘.

2장 • 아이의 영성이 바르게 형성되기 위한 기도

시작(始作) 타고르

"엄마, 난 어디서 왔나요?"
아기가 엄마에게 물었습니다.
엄마는 아기를 가슴에 꼭 안고 대답했지요.

"아가야, 아가야, 우리 아가야.
너는 오랫동안 내 가슴에 숨어 있던 소망이었단다.
너는 내가 어렸을 때 소꿉질하던 인형 속에 있었고,
매일 아침 진흙으로 빚던 그 형상 속에도 들어 있었지.

나의 온갖 희망과 사랑 속에서, 나의 생명 속에서,
나의 어머니의 생명 속에서 너는 살았고,
우리 집안을 다스리는 영혼의 무릎 위에서
너는 곱게 길러졌단다.

내가 아직 처녀였을 때,
바야흐로 내 가슴이 꽃피려 할 때,

너는 그윽한 향기가 되어 내 마음에 떠돌았고,
너의 살가운 피와 살은
해 뜨기 전 하늘이 광채처럼 내 젊은 팔다리에 넘쳤단다.

하늘에서 태어난 첫 아가야!
아침 해와 쌍둥이로 태어난 내 아가야!
너는 생명의 샘을 떠서 흘러오다가
마침내 네 가슴에 깃들었구나.

네 얼굴을 물끄러미 들여다 보노라면
알지 못할 신비가 내 몸을 휩싼단다.
온 세상의 것인 네가, 내 아이가 되었다니!
혹시나 놓칠세라, 혹시나 깨질세라,
이렇게 대견하게 꼭 껴안았단다."

아, 그 어떤 천사가 세상에서 제일 귀한 보배를
이처럼 가느다란 내 팔에 안겨준 것일까요?

하나님을 경외하게 하소서

"네 시대에 평안함이 있으며 구원과 지혜와 지식이 풍성할 것이니 여호와를 경외함이 네 보배니라" 사 33:6.

영광과 찬송을 세세에 받으시기에 합당하신 하나님!
아이가 존귀하고 거룩하신 하나님을 공경하면서 두려워하는 마음을 갖게 하소서.
하나님을 경외할 때 구원과 지혜와 지식이 풍성하게 임하며, 하나님을 경외하는 삶을 살 때 평생에 평안을 누리는 것을 알게 하소서.
"여호와를 경외함의 보상은 재물과 영광과 생명" 잠 22:4 이라 하셨으니, 아울러 구원과 존귀와 지혜와 지식도 풍성하게 하소서. 하나님을 경외하는 것이 하늘 보화의 창고를 여는 열쇠임을 알게 하소서.
"여호와를 경외하는 자 누구냐 그가 택할 길을 그에게 가르치시리로다" 시 25:12 라고 하셨으니, 아이가 여호와를 경외하며 주님의 길로 행하게 하소서.
하나님을 경외하면서 하나님과 동행하는 친밀함도 가지게 하소서. 하나님을 경외함과 하나님과 친밀함이 균형을 이루면서 믿음과 사랑을 키워가게 하소서.
예수님의 이름으로 기도드립니다. 아멘.

항상 하나님을 기대하게 하소서

"의에 주리고 목마른 자는 복이 있나니 그들이 배부를 것임이요" 마 5:6.

공의로우신 하나님!
아이가 세상에서 하나님의 의를 구하는 자가 되게 하소서.
하나님의 의를 양식으로 삼아 살게 하시고, 하나님의 공의를 세상에 이루는 사람이 되게 하소서.
정의의 편에 서며 의로운 일을 좋아하는 사람이 되게 하소서.
정의를 행하며 인자를 사랑하며 겸손하게 하나님과 함께 행하게 하소서 미 6:8.
그렇게 함으로써 하나님을 기쁘시게 하고, 하나님의 영광을 드러내며, 하나님으로 말미암아 풍성한 삶을 누리게 하소서.
사슴이 시냇물을 찾아 헤매이듯이, 아이가 하나님의 의를 갈망하게 하소서.
오직 하나님만으로 아이의 내면에 참된 만족이 되게 하소서.
예수님의 이름으로 기도드립니다. 아멘.

하나님을 기쁘시게 하는 종이 되게 하소서

"무슨 일을 하든지 마음을 다하여 주께 하듯 하고 사람에게 하듯 하지 말라"골 3:23.

모든 선한 일의 궁극적인 목적이신 하나님!
아이에게 주신 크고 작은 일들 가운데 하나님을 보는 안목을 가지고 매사에 주님을 섬기는 마음으로 일하게 하소서.
그 일을 통하여 궁극적으로는 하나님을 섬긴다는 믿음으로, 일을 소중하게 보고 멀리 보며 넓게 보게 하소서.
하나님이 주신 일이면 무엇이든지 마음을 다하여 주님께 하듯 하게 하시고, 그 일을 통하여 세상에 보이는 보상뿐 아니라 주님이 주시는 상급도 받게 하소서.
사람에게 보이기 위하여 눈가림만 하는 사람의 종이 아니라, 정성과 진심을 담아 성실하게 섬김으로 하나님께 인정 받는 일꾼이 되게 하소서.
아이의 삶을 통하여 한 일들이 주님께 귀하게 기억되게 하시고 합당한 상급을 받게 하소서.
예수님의 이름으로 기도드립니다. 아멘.

하나님과 막힌 담이 없게 하소서

"하나님을 가까이하라 그리하면 너희를 가까이하시리라" 약 4:8.

저희와 함께하기를 기뻐하시는 하나님!
아이가 하나님을 항상 가까이하며 살게 하소서.
하나님을 가까이하는 것이 가장 큰 복임을 알게 하시고, 이를 위해 겸손하고 성결한 마음을 품으며 경건하고 순종하는 삶을 살게 하소서.
마귀를 대적하고 교만한 마음을 버리게 하소서.
하나님이 아브라함을 '벗'이라고 말씀하셨던 것처럼, 아이도 하나님을 항상 벗 삼아 살게 하소서.
예수님이 제자들을 '친구'라고 말씀하신 것처럼, 아이도 예수님을 친구 삼아 친밀한 삶을 살게 하소서.
주님 앞에 자신을 낮춤으로 주님이 높이시는 삶을 살게 하소서.
예수님의 이름으로 기도드립니다. 아멘.

세상의 인정보다 하나님의 인정을 구하게 하소서

"하늘로부터 소리가 있어 말씀하시되 이는 내 사랑하는 아들이요 내 기뻐하는 자라 하시니라" 마 3:17.

언제나 살아계셔서 저희에게 말씀하시는 하나님!
아이의 마음과 귀에 하나님의 음성을 들려주소서.
때로는 크게, 때로는 작게 속삭여 주소서.
아이가 "너는 내 사랑하는 아들이요 내 기뻐하는 자라"는 주님의 음성을 들으면서 자라게 하소서.
그 말씀으로 자신을 긍정하고 하나님의 자녀라는 분명한 자기 정체성을 가지고 살게 하소서.
아이가 있는 모습 그대로 하나님의 자녀이며, 하나님이 기뻐하시는 자라는 분명한 인식을 갖게 하소서.
하나님과의 긴밀한 관계에서 자신의 위치를 찾게 하시고, 행위로써가 아니라 존재 자체로서 자신이 얼마나 소중한 사람인지를 알게 하소서.
건강한 자화상과 정서적 안정감을 가지고 하나님의 목적을 따라 담대하게 살게 하소서.
예수님의 이름으로 기도드립니다. 아멘.

하나님의 이름을 높이게 하소서

"나를 존중히 여기는 자를 내가 존중히 여기고 나를 멸시하는 자를 내가 경멸하리라" 삼상 2:30.

사람의 마음의 자세를 아시는 하나님!
아이가 하나님의 이름을 진심으로 높이는 사람이 되게 하소서.
하나님께 받는 말씀, 하나님께 드리는 예배, 하나님께 바치는 예물, 하나님께 올리는 찬양과 기도에, 하나님을 경외하는 마음이 가득 담기게 하소서.
하나님을 존귀히 여기는 사람을 하나님께서도 높여주겠다고 하셨으니, 언제 어디서나 주님을 높임으로 하나님이 높여주시는 삶을 살도록 도와주소서.
말이나 행동에서 망령된 것 없이 거룩하게 하시고, 하나님께 돌릴 영광과 감사를 가로채지 않게 하시며, 하나님께 가장 귀한 것을 드리고, 하나님의 이름에 합당한 영광을 돌리며 살게 하소서. 하나님을 영화롭게 하는 것이 아이 인생의 최고의 목적이 되게 하소서.
한나와 사무엘과 다윗처럼, 하나님을 높임으로써 하나님이 높여주시는 복을 받게 하소서.
예수님의 이름으로 기도드립니다. 아멘.

기도로 풍성하신 하나님을 경험하게 하소서

"나의 하나님이 그리스도 예수 안에서 영광 가운데 그 풍성한 대로 너희 모든 쓸 것을 채우시리라"빌 4:19.

저희의 모든 필요의 공급자이신 하나님!
아이가 하나님의 측량할 수 없는 부요함을 미루어 알게 하시고, 그 안에서 참으로 풍성한 삶을 누리며 살게 하소서.
자기 인생에 필요한 모든 것은 하나님께 있으며, 하나님께부터 온전히 채움 받는다는 사실을 알게 하소서.
하나님은 기쁨으로 자녀들의 쓸 것을 공급하신다는 믿음의 확신 가운데, 언제든지 무엇이든지 먼저 하나님께 감사함으로 모든 쓸 것을 구하게 하소서.
아이가 주님께 구할 때 주님의 영광을 위하여 구하는 모든 것을 채워주소서.
하나님의 그 풍성하심과 위대하심을 맛보게 하소서.
예수님의 이름으로 기도드립니다. 아멘.

말씀이 삶의 나침반이 되게 하소서

"네 모든 자녀는 여호와의 교훈을 받을 것이니 네 자녀에게는 큰 평안이 있을 것이며"사 54:13.

말씀으로 모든 것을 가능하게 만드시는 하나님!
아이가 주님의 말씀을 즐거워하며 말씀을 묵상하고 말씀 가운데 살게 하소서. 말씀에 순종하는 삶을 살고, 말씀에 약속된 축복을 받으며, 말씀 위에 인생을 견고하게 세우게 하소서.
말씀이 아이의 언어가 되고, 사상이 되며, 삶이 되게 하소서.
말씀이 아이의 길이 되고 길잡이가 되게 해주소서.
말씀으로 세상을 해석하며, 말씀으로 세상을 판단하게 하소서.
말씀이 삶의 기준이 되며, 말씀 안에서 참된 가치관을 발견하게 하소서.
하나님을 대적하여 높아진 세상의 이론에 귀를 막게 하시고, 오직 주의 복된 생명 말씀에 할례 받은 귀와 마음으로 반응하게 하소서.
말씀에 '아멘' 함으로 그 말씀에 기록된 큰 복을 받게 하소서.
말씀 가운데 평안한 삶을 살게 하소서.
예수님의 이름으로 기도드립니다. 아멘.

하나님의 품 안에서 자라게 하소서

"예수는 지혜와 키가 자라가며 하나님과 사람에게 더욱 사랑스러워 가시더라" 눅 2:52.

사람을 아름답고 훌륭하게 만들어 가시는 하나님!
아이가 예수님의 유년 시절을 닮게 하소서.
몸은 건강하게 무럭무럭 자라고, 마음은 지혜로우면서도 넓게 하소서.
말할 때 먼저 경청하게 하시고, 남을 세워주고 칭찬하는 긍정적인 언어를 분별력 있게 사용하게 하소서. 아름다운 성품으로 사람에게 칭찬 받고, 하나님께 사랑 받는 아이가 되게 하소서.
무엇보다 향기로운 영혼으로 은혜가 가득하고 거룩한 하나님의 사람이 되게 하소서.
저희의 인생이 아이로 말미암아 보람 있고 감사한 삶이 되게 하소서.
어린 시절부터 아이가 마땅히 행할 길을 알고 순종하며 평생을 행하게 하소서.
아이의 생애에 만나는 모든 사람과 모든 시절과 모든 장소에 적합한 은총을 내려주소서.
예수님의 이름으로 기도드립니다. 아멘.

하나님의 은혜가 항상 함께하소서

"아기가 자라며 강하여지고 지혜가 충만하며 하나님의 은혜가 그의 위에 있더라" 눅 2:40.

인생의 모든 것을 주관하시는 하나님!
아이의 모든 것이 하나님께 달려 있음을 고백합니다.
저희가 제대로 자지 못하고 온 종일 땀 흘려 많은 수고를 한다 해도, 하나님이 도와주지 않으시면 아무것도 이룰 수 없습니다.
아이의 생명과 축복이 하나님께 달려 있사오니, 하나님의 사랑과 긍휼을 힘입도록 도와주소서.
저희의 기도는 하나님과 동역하는 통로가 되어, 아이에게 부어주실 하나님의 은혜가 흘러가게 하소서.
아이를 하나님께 온전히 내려놓고 맡깁니다.
하나님의 사람으로 부족함이 없도록 아이를 키워주소서.
아이의 몸과 마음이 건강하게 자라고, 지혜가 충만하며, 일마다 때마다 하나님의 은혜가 항상 함께하소서.
예수님의 이름으로 기도드립니다. 아멘.

능력 있는 삶을 살게 하소서

"내가 붙드는 나의 종, 내 마음에 기뻐하는 자 곧 내가 택한 사람을 보라 내가 나의 영을 그에게 주었은즉 그가 이방에 정의를 베풀리라" 사 42:1.

세상의 문제에 대한 해답을, 사람을 통해 주시는 하나님!
이 아이가 세상 문제에 대한 하나님의 답변이 되게 하소서.
이 아이가 예수님을 닮아 하나님께 기쁨이 되게 하소서.
하나님께 택함 받았다는 분명한 자기 정체성을 가지고 살게 하시고, 하나님의 강한 손이 언제나 붙들어 주시는 능력 있는 삶을 살게 하소서.
성령이 항상 충만하여 성령의 열매가 성품에 나타나고, 성령의 은사가 행하는 모든 일에 능력으로 나타나게 하소서.
무슨 일을 하든지 하나님이 공급하시는 힘으로 하게 하소서.
모든 일을 하나님의 영광을 드러내기 위해 하게 하소서.
나라와 세계를 위해서도 정의와 사랑을 베풀며 살게 하소서.
아이가 스스로 하나님이 기뻐하시며 붙들어 쓰시는 사람인 것을 깨닫게 하소서.
예수님의 이름으로 기도드립니다. 아멘.

성령을 충만하게 부어주소서

"예수께서 세례를 받으시고 곧 물에서 올라오실새 하늘이 열리고 하나님의 성령이 비둘기같이 내려 자기 위에 임하심을 보시더니" 마 3:16.

성령을 부어주시는 하나님!
아이에게 위로부터 내리시는 성령의 충만을 입혀주소서.
아이에게 하늘의 문이 활짝 열리게 하소서.
저희 영혼의 뿌리는 하늘을 향해 있는 것을 믿사오니, 아이의 영이 항상 주님을 향해 열리게 하소서.
성령께서 이 아이가 하나님의 사람임을 증거해 주소서.
항상 "내 사랑하는 아들이요 내 기뻐하는 자라"는 음성을 듣게 하소서.
비둘기 같은 성령의 성품을 입어 사랑, 희락, 화평을 하나님과의 관계에서 맺게 하시고, 오래 참음, 자비, 양선을 사람들과의 관계에서 맺게 하시며, 충성, 온유, 절제를 자기 내면에서 맺게 하소서.
거기에 불 같은 성령의 능력이 임하게 하시고, 바람 같은 성령의 변화의 역사가 항상 나타나게 하소서.
예수님의 이름으로 기도드립니다. 아멘.

영성과 예능으로 하나님을 찬양하게 하소서

"그리스도의 말씀이 너희 속에 풍성히 거하여 모든 지혜로 피차 가르치며 권면하고 시와 찬송과 신령한 노래를 부르며 감사하는 마음으로 하나님을 찬양하고"골 3:16.

하나님의 형상을 따라 지식에까지 새롭게 하신 하나님!
풍성한 말씀 가운데 아이가 하나님의 지혜와 지식을 통달하여, 사람들에게 하나님의 말씀을 바르게 가르치고 권면하는 역할을 하게 하소서.
영적 감수성과 상상력을 풍부하게 해주셔서, 아름다운 언어로 주님을 영화롭게 하는 시가 넘쳐나게 하소서.
맑은 영혼을 주셔서 온 몸과 마음을 다한 신령한 노래로 하나님의 이름을 찬미하게 하소서.
아름다운 목소리, 음악적인 재능, 예술적인 감각, 시적인 상상력, 그 위에 감사하는 마음과 영성의 깊이를 더하셔서 많은 사람들에게 감동을 줄 수 있는 예배자가 되게 하소서.
마음에 "긍휼과 자비와 겸손과 온유와 오래 참음과 용서와 사랑"골 3:12-14을 더하소서.
예수님의 이름으로 기도드립니다. 아멘.

장성한 믿음의 사람이 되게 하소서

"우리가 다 하나님의 아들을 믿는 것과 아는 일에 하나가 되어 온전한 사람을 이루어 그리스도의 장성한 분량이 충만한 데까지 이르리니" 엡 4:13.

거룩하고 완전하신 하나님!
아이가 주님을 믿는 믿음으로 영과 혼과 육 모두 건강하고 온전한 사람이 되게 하소서.
주님을 알아가면서 점점 주님을 닮게 하시고 주님의 장성한 분량에 이르게 하소서. "오직 사랑 안에서 참된 것을 하여 범사에 주님에게까지 자라게 하소서" 엡 4:15.
믿음의 공동체에서 성령이 하나 되게 하신 것을 힘써 지키며 같은 소망을 가지게 하소서. 이끌림을 받던 믿음에서 나아가 다른 사람들을 이끌어줄 수 있는 믿음을 갖게 하소서.
하나님이 주신 은사를 따라 교회를 세우며 성도들을 온전하게 세우게 하소서. 젖을 먹던 믿음에서 자라나 밥을 먹을 수 있는 장성한 믿음의 사람이 되게 하소서.
부르심을 받은 일에 "겸손과 온유와 오래 참음과 사랑으로 용납하게 하소서" 엡 4:2.
아이의 삶에서 그리스도의 향기가 나타나게 하소서.
예수님의 이름으로 기도드립니다. 아멘.

거룩한 삶을 살게 하소서

"하나님의 뜻은 이것이니 너희의 거룩함이라" 살전 4:3.

내가 거룩하니 너희도 거룩하라고 말씀하시는 하나님!
아이가 이 세상에 살면서 하나님의 성품을 따라 거룩한 삶을 살게 하소서.
하나님이 기뻐하시고 원하시는 뜻은 거룩함이니, 아이가 행복해지기보다 거룩해지기를 열망하게 하소서.
세상에는 거짓과 음란과 미움과 불신이 만연해 있습니다.
세상의 잘못된 풍조와 악한 영향력이 아이에게 침투하지 못하도록 막아주시고 말이나 생각, 행동 면에서 온전한 사람이 되게 하소서.
하나님의 임재의식을 가지고 거룩한 삶을 힘쓰게 하소서.
하나님의 뜻과 목적과 성품이 일치되어 언제나 그 뜻과 목적과 성품대로 살게 하소서.
하나님은 저희와 아이를 거룩함으로 부르셨으니, 부르심에 합당한 삶을 살게 하소서.
아이의 영과 혼과 몸을 주님 오실 때까지 흠 없게 보존해 주소서 살전 5:23.
예수님의 이름으로 기도드립니다. 아멘.

하나님의 임재 안에 살게 하소서

"여호와께서 한나를 돌보시사 그로 하여금 임신하여 세 아들과 두 딸을 낳게 하셨고 아이 사무엘은 여호와 앞에서 자라니라" 삼상 2:21.

언제나 저희와 함께하시는 하나님!
아이가 평생 동안 하나님의 임재 안에 살게 하소서.
말이나 생각이나 생활이 주님께 온전히 열납 되게 하소서.
사무엘처럼 자라가며 "하나님과 사람들에게 은총을 받게 하소서" 삼상 2:26.
하나님의 도우심과 인도하심 안에서 인생의 전 과정을 보내게 하소서.
"평생 하나님을 존중함으로 하나님이 높이시는 삶을 살게 하소서" 삼상 2:30.
기도의 사람이 되어 말씀이 풍성하고 비전이 확실하게 하소서.
저희를 한나처럼 돌보셔서 아이에게 귀한 형제 자매도 주소서.
항상 주님 중심으로 살게 하시고, 주님 안에서 자라게 하소서.
에녹과 노아와 아브라함처럼 주님과 한평생 동행하게 하소서.
예수님의 이름으로 기도드립니다. 아멘.

창조주 하나님의 솜씨를 찬양하게 하소서

"태초에 하나님이 천지를 창조하시니라" 창 1:1.

세상 만물을 만드신 창조주 하나님!
아이가 하나님의 창조하신 작품에서 배우게 하소서.
새처럼 아름답게 재잘거릴 줄 아는 밝음과 나무처럼 타인에게 그늘이 되어줄 수 있는 넉넉함과 비처럼 한날의 고민을 흘려버릴 수 있는 여유로움과 바람처럼 헛된 것에 매이지 않는 자유로움과 물처럼 거짓 없이 투명한 영혼과 햇살처럼 따사로운 자애로움을 주소서.
이렇게 소소한 것부터 크신 하나님을 알아가게 하소서.
태초에 '보시기에 좋았더라'고 말씀하심과 같이, 아이가 살아가는 세상이 복되고 아름답게 하소서.
예수님의 이름으로 기도드립니다. 아멘.

기도의 사람이 되게 하소서

"쉬지 말고 기도하라" 살전 5:17.

기도를 들으시는 하나님!
아이가 기도의 사람이 되게 하소서.
기도함으로 매사에 하나님을 인정하게 하시고, 기도를 앞세우게 하시며, 기도로 일을 진행하게 하시고, 감사기도로 마무리하게 하소서.
기도의 능력과 기쁨을 알 수 있도록 기도에 응답하소서.
무슨 일을 하든지 기도로 하나님의 임재를 경험하게 하소서.
저희가 아이를 위해 드린 모든 기도가 하나님의 품에 쌓이게 하소서.
그리하여 꼭 필요한 때 아이가 이 기도의 열매를 먹게 하소서.
앞으로 아이가 위대한 사람이 되어 부모의 기도를 기억하며, 기도의 능력과 하나님께서 이루신 역사를 간증하게 하소서.
항상 기뻐하고 쉬지 말고 기도하며 범사에 감사하게 하소서.
예수님의 이름으로 기도드립니다. 아멘.

말씀 한 권의 사람이 되게 하소서

"이 율법책을 네 입에서 떠나지 말게 하며 주야로 그것을 묵상하여 그 안에 기록된 대로 다 지켜 행하라 그리하면 네 길이 평탄하게 될 것이며 네가 형통하리라" 수 1:8.

말씀 가운데 임재하시고 자신을 나타내시는 하나님!
아이가 평생 동안 하나님의 말씀을 중심으로 형통한 삶을 살게 하소서.
말씀으로 양식을 삼고, 삶의 길잡이를 삼으며, 말씀대로 순종하게 하소서.
하나님 말씀 듣기를 좋아하여 말씀을 규칙적으로 읽으며, 말씀을 묵상하고 암송하면서 말씀의 사람이 되게 하소서.
말씀을 통하여 풍성한 생명을 얻고, 말씀에서 인생의 지혜를 얻으며, 말씀의 영향력으로 가치관이 형성되어 말씀으로 세상을 해석하게 하소서.
말씀이 말이나 생각이나 행동의 표준이 되게 하소서.
인생의 메뉴얼인 말씀 앞에 질문하게 하시고, 말씀이 아이에게 육화되어 몸으로 말씀을 살게 하소서.
말씀을 가까이함이 복인 것을 알게 하소서.
예수님의 이름으로 기도드립니다. 아멘.

말씀이 발의 등이요 길의 빛이 되게 하소서

"내가 주께 범죄하지 아니하려 하여 주의 말씀을 내 마음에 두었나이다" 시 119:11.

말씀으로 임재하시는 하나님!
아이를 세상의 시험과 악으로부터 지키는 것은 오직 하나님의 말씀 밖에 없는 줄을 믿습니다.
아이를 세상에서 깨끗하고 순결하게 지켜주는 것도 말씀 밖에 없는 줄 믿사오니, 말씀으로 아이의 마음과 행실을 씻어주소서.
하나님의 말씀이 잘 박힌 못처럼 아이의 마음에 깊이 아로새겨지게 하시고, 그 말씀을 주야로 묵상하면서 말씀이 공급하시는 능력을 얻게 하소서.
말씀이 아이의 삶을 해석해주고, 아이의 모습을 비추게 하소서. 말씀이 삶의 기준이 되게 하시고, 말씀에 근거하여 모든 결정을 내리게 하소서.
말씀 가운데 확신이 없을 때는 기다릴 수 있는 마음의 여유도 주소서. 하나님이 확신을 주시는 것을 당당히 지켜낼 수 있는 용기도 주소서. 좌로나 우로나 치우치지 않고 말씀 가운데 담대히 나아가게 하소서. 말씀에 약속된 모든 복과 은혜가 아이의 삶에 그대로 드러나게 하소서.
예수님의 이름으로 기도드립니다. 아멘.

말씀을 들을 귀를 주소서

"좋은 땅에 있다는 것은 착하고 좋은 마음으로 말씀을 듣고 지키어 인내로 결실하는 자니라" 눅 8:15.

각 사람의 마음에 말씀을 심으시는 하나님!
아이의 마음이 옥토가 되어 말씀의 씨가 백배의 결실을 맺게 하소서.
마음 밭에 떨어진 씨앗을, 착하고 순전한 마음으로 받아 지키게 하소서.
마귀나 세상이나 염려나 향락이 말씀의 씨앗을 빼앗지 못하도록 항상 지켜주소서.
말씀을 잘 알아들을 수 있는 신령한 귀를 열어주시고, 말씀을 인내로서 잘 지킬 수 있는 순종하는 믿음을 주소서.
말씀이 아이의 삶 속에 견고하게 뿌리 내리고 성령의 기운으로 싹을 틔워 아름다운 꽃을 피우고 풍성한 열매를 맺게 하소서.
말씀이 아이의 몸을 입고 나타나게 하소서.
저희부터 말씀대로 살게 해주시고, 말씀을 양식으로 삼는 생활을 하게 하소서.
예수님의 이름으로 기도드립니다. 아멘.

먼저 하나님을 위한 일을 구하게 하소서

"나라가 임하시오며 뜻이 하늘에서 이루어진 것같이 땅에서도 이루어지이다" 마 6:10.

저희에게 기도를 가르쳐주신 주님!
주님의 기도와 응답이 늘 아이와 함께하소서.
하나님의 이름으로 일컬음을 받는 아이가 하나님의 이름에 합당한 삶을 살아 하나님께 영광을 돌리게 하소서.
하나님 나라의 백성 된 아이가 자신의 삶에서 하나님 나라를 누리며, 주변에 하나님 나라를 확산시키게 하소서.
하나님의 뜻이 하늘에서 이루어진 것처럼, 아이의 삶에서도 이루어지게 하소서.
아이가 하나님을 영화롭게 하고, 하나님 나라를 이루며, 하나님의 뜻을 이루는 삶을 살게 하소서.
나라와 권세와 영광이 영원히 아버지의 것입니다.
예수님의 이름으로 기도드립니다. 아멘.

내면에 영적 질서를 주소서

"그의 영광의 풍성함을 따라 그의 성령으로 말미암아 너희 속사람을 능력으로 강건하게 하시오며"엡 3:16.

사람의 내면을 살피시는 하나님!
성령으로 아이의 내면 세계를 충실하고 강건하게 만들어 주소서.
내면 세계에 영적인 질서가 잘 잡혀서 하나님의 부르심을 따라 안에서 밖으로 삶을 경영하게 하소서.
외형적인 성장과 더불어 내면적으로도 성숙되는 것을 멈추지 않게 하소서. 날마다 속사람이 변화되고, 질적으로 도약하는 삶을 살게 하소서.
가정에서 부모와의 관계를 통하여 정서적으로 건강하게 하시고, 자신이 독특한 존재로 있는 그대로 받아들여지고 있다는 안정감을 갖게 하소서.
마음을 날마다 새롭게 하시고, 은혜와 진리로 마음을 붙들어 주소서. 성령의 능력으로 건강한 믿음생활을 하게 하시고, 믿음의 뿌리를 깊게 내리게 하소서.
하나님의 사랑의 깊이와 넓이와 길이를 알고, 항상 성령 충만한 생활을 하게 하소서.
예수님의 이름으로 기도드립니다. 아멘.

주 안에서 기뻐하게 하소서

"주 안에서 항상 기뻐하라 내가 다시 말하노니 기뻐하라" 빌 4:4.

영원한 기쁨의 근원이신 하나님!
아이에게 기쁨의 영을 부어주셔서 항상 밝고 즐거운 삶을 살게 하소서.
해맑은 미소를 주시고, 어느 곳에 가든지 기쁨을 전하는 사람이 되게 하소서.
세상의 명예나 물질이나 향락에서 오는 일시적인 기쁨을 찾는 것이 아니라 주님 안에 살면서 하나님으로부터 오는 영원하고 참된 기쁨을 찾게 하소서.
염려와 두려움은 속히 물러가게 하시고, 의지적으로 기뻐하고 감사하게 하소서.
모든 일에 기도와 간구로 감사함으로 주님께 맡기게 하시고, 모든 지각에 뛰어난 하나님의 평강으로 아이의 마음과 생각을 지켜주소서.
아침마다 주의 사랑을 충만하게 경험하며 하루를 시작하게 하시고 그것이 일생 동안 지속되게 하소서 시 90:14.
예수님의 이름으로 기도드립니다. 아멘.

주의 인자하심으로 즐겁게 살게 하소서

"아침에 주의 인자하심이 우리를 만족하게 하사 우리를 일생 동안 즐겁고 기쁘게 하소서" 시 90:14.

인자와 긍휼이 크신 하나님!
모세의 기도대로 아이에게 지혜로운 마음을 얻게 하시고, 아침부터 주의 인자하심이 아이에게 풍족하게 임하여 평생 즐겁고 기쁘게 하소서.
주님의 영광을 아이와 자손들에게도 계속하여 나타내시고, 아이의 손으로 행하는 모든 일을 견고한 터 위에 세우소서.
매사를 적극적이고 긍정적인 마음으로 임하여 밝고, 아름답고, 기쁘게 살게 하소서.
죄가 기쁨의 씨앗을 먹지 않도록 지켜주시고, 조그마한 잘못이라도 신속하게 회개하여 마음의 평강을 잃지 않게 하소서.
세상의 물질이나 명예나 향락이 가져다주는 기쁨보다 "주께서 마음에 두신 기쁨" 시 4:7 을 더 귀하게 여기게 하소서.
주의 집에 있는 살진 것으로 풍족하게 하시며, 행복과 즐거움의 강물을 마시게 하소서.
예수님의 이름으로 기도드립니다. 아멘.

하나님을 가장 기뻐하게 하소서

"여호와를 기뻐하라 그가 네 마음의 소원을 네게 이루어 주시리로다" 시 37:4.

모든 기쁨의 원천이 되시는 하나님!
먼저 아이가 무엇보다 하나님을 기뻐하는 삶을 살게 해주소서.
세상 사람들은 마음의 소원이 이루어지면 하나님을 기뻐하겠다고 하지만, 먼저 하나님을 기뻐함으로 마음의 소원을 이루시는 하나님을 경험하게 하소서.
"하나님을 기뻐하는 것이 힘이라" 느 8:10고 말씀하셨으니, 능력은 하나님을 기뻐하는 데에서 나오는 것임을 믿게 하소서. 하나님을 기뻐함으로 공급하시는 하나님의 능력을 삶의 각 영역에서 누리게 하소서. 하나님을 기뻐할 뿐 아니라 하나님을 기쁘시게 하는 삶도 살게 하소서.
말과 행동과 사역을 통하여 하나님께 기쁨을 드리는 아이가 되게 하소서. 아이가 하나님을 기뻐하는 것처럼, 아이도 하나님의 기쁨이 되게 하소서.
하나님을 기뻐하오니 마음의 소원을 이루어 주소서.
예수님의 이름으로 기도드립니다. 아멘.

나의 기도

3장 • 아이의 육체와 정신이 건강하게 형성되기 위한 기도

내가 만일 아이를 다시 키운다면
다이아나 루먼스

만일 내가 다시 아이를 키운다면
먼저 아이의 자존심을 키워주고
집은 나중에 세우리라.
아이와 함께 손가락 그림을 더 많이 그리고
손가락으로 명령하는 일은 덜하리라.

아이를 바로잡으려고 덜 노력하고
아이와 하나가 되려고 더 많이 노력하리라.
시계에서 눈을 떼고
눈으로 아이를 더 많이 바라보리라.

만일 내가 아이를 다시 키운다면
더 많이 아는 데 관심 갖지 않고
더 많이 관심 갖는 법을 배우리라.

자전거도 더 많이 타고
연도 더 많이 날리리라.
들판을 더 많이 뛰어다니고
별들도 더 오래 바라보리라.
더 많이 껴안고
더 적게 다투리라.
도토리 속의 떡갈나무를 더 자주 보리라.

덜 단호하고
더 많이 긍정하리라.
힘을 사랑하는 사람으로 보이지 않고
사랑의 힘을 가진 사람으로 보이리라.

태중에서 아이가 기쁨으로 잘 놀게 하소서

"보라 네 문안하는 소리가 내 귀에 들릴 때에 아이가 내 복중에서 기쁨으로 뛰놀았도다" 눅 1:44.

복중에서부터 아이를 아시고 지키시는 하나님!
복중에 있는 아이가 하나님의 사랑과 은혜 안에서 건강하게 잘 놀게 하소서.
엄마인 제가 거룩한 것을 생각하며, 아름다운 것을 보며, 복된 소리를 듣고, 참된 것을 말하며, 사려 있게 행동하고, 말씀을 묵상함으로 아이의 영혼이 맑아지게 하소서.
아빠인 제가 생명 주신 하나님께 감사와 찬양을 돌리며, 태아를 소중하게 여기고, 아내를 진심으로 사랑하며, 배려하고 짐을 나누어 짐으로 아내의 마음을 평안하게 하소서.
복중에서부터 하나님과 아이의 관계, 아이와 저희의 관계가 건강하게 하소서.
하나님의 사랑과 은총이 복중의 아이에게 임하게 하소서.
저희의 사랑과 감사와 기쁨과 감동이 그대로 아이에게 전달되게 하소서.
아이도 복중에서 기쁨으로 뛰놀며 화답하게 하시고, 건강하고 밝고 아름다운 성품을 지닌 아이로 자라게 하소서.
예수님의 이름으로 기도드립니다. 아멘.

아이의 육체를 건강하게 지어주소서

"나를 태 속에 만드신 이가 그도 만들지 아니하셨느냐 우리를 뱃속에 지으신 이가 한 분이 아니시냐" 욥 31:15.

사람을 지으시는 하나님!
하나님이 거하시는 성소인 아이의 몸을 완전하고 거룩하게 지어주소서.
우주를 만드신 크신 하나님께서 아이의 세밀한 부분까지 지으시는 것은 놀랍습니다.
저희에게 주셨던 아름답고 선한 것들만 아이에게 전달되게 하시고, 하나님의 형상을 따라 영혼과 성품과 정신과 육체가 온전하게 하소서. 모든 육체의 기관과 세포와 혈관과 신경이 골고루 잘 자라게 하소서.
"졸지도 않고 주무시지도 않으시는 하나님" 시 121:4 이 세밀한 모든 부분까지 살펴주소서.
생명을 지으시는 하나님의 창조의 솜씨는 형용할 길이 없습니다.
이 작은 생명 하나에 온 우주의 신비가 담겨 있사오니, 측량할 수 없는 지혜와 자상한 보살핌으로 아이를 지어주소서.
아이를 통하여 주님의 영광을 나타내 주소서.
예수님의 이름으로 기도드립니다. 아멘.

아이를 성령의 전으로 삼아주소서

"너희 몸은 너희가 하나님께로부터 받은바 너희 가운데 계신 성령의 전인 줄을 알지 못하느냐 너희는 너희 자신의 것이 아니라"고전 6:19.

저희의 육체 가운데 성령으로 거하시는 하나님!
아이가 자신의 몸을 소중히 여기고 돌볼 줄 아는 사람이 되게 하소서. 자신은 자신의 것이 아니라 값으로 사신 하나님의 것이라는 사실을 알게 하시고, 먹든지 마시든지 무엇을 하든지, 하나님의 영광을 위해 살게 하소서.
하나님이 아이를 보배롭고 존귀하게 창조하셨으며 하나님을 찬송하도록 지으셨다는 것을 알게 하소서사 43:21.
하나님이 기뻐하시는 거룩한 산 제물로 바치는 영적 예배를 드리게 하소서롬 12:1.
자신의 몸을 하나님이 거하시는 거룩한 성전으로 여기게 하소서.
음식도 적절하게 섭취할 줄 알고, 운동도 알맞게 하며, 순결한 삶을 살게 하소서.
담배, 술, 카페인, 컴퓨터 게임, 섹스 등 모든 종류의 중독으로부터 보호해 주소서.
몸으로 하나님께 영광을 돌리게 하소서고전 6:20.
예수님의 이름으로 기도드립니다. 아멘.

지혜의 복을 받게 하소서

"이것이 네 몸에 양약이 되어 네 골수를 윤택하게 하리라" 잠 3:8.

모든 지각에 뛰어나신 하나님!
하나님의 지혜와 총명이 아이에게 임하게 하소서.
여호와를 경외하면서 악에서 떠난 삶을 살 때 잠 3:7, 두뇌가 좋아져 지혜와 지식이 넘친다는 말씀을 믿습니다.
아이가 하나님 앞에 겸손하고, 하나님만 경외하며, 죄와는 상관이 없는 의로운 삶을 살게 하소서.
이것이 아이에게 좋은 약이 되어 날마다 뇌와 뼈가 골고루 발달되게 하소서.
기억력과 상상력과 창의력과 통찰력, 그리고 분별력이 발달되게 하소서.
범사에 하나님을 신뢰하고 인정함으로 하나님이 지도하시는 형통한 삶을 살게 하소서.
인자와 진리를 마음에 새기고 살아 하나님께는 은총, 사람에게는 명예를 얻게 하소서.
예수님의 이름으로 기도드립니다. 아멘.

장수의 복을 받게 하소서

"나의 명령을 지키라 그리하면 그것이 네가 장수하여 많은 해를 누리게 하며 평강을 더하게 하리라" 잠 3:1-2.

인간의 생명을 주관하시는 하나님!
아이가 하나님의 법을 잊지 않고 마음으로 지켜서 장수의 복을 받게 하소서.
부모를 공경하는 자도 땅에서 잘되고 장수한다고 하였사오니, 아이가 주님 안에서 저희에게도 순종하고 효를 다하여 장수의 복을 받게 하소서.
건강하게 오래 살 뿐 아니라 의미 있고 보람 있게 살게 하소서.
규칙적인 생활과 운동, 그리고 적당한 음식 섭취로 최상의 컨디션을 유지하게 하소서.
몸이 약하여 못하는 일이 없도록, 걸어가도 달려가도 피곤치 않은 건강을 주소서.
육신의 건강뿐 아니라 마음의 평안도 누리며 장수하게 하소서.
인생을 살아간 연수의 장구함보다 세상에 남긴 업적으로 길이 기억되게 하소서.
어디를 가든지 사고로부터 안전하게 지켜 보호해 주소서.
예수님의 이름으로 기도드립니다. 아멘.

어려움으로부터 완벽하게 지켜주소서

"네가 불 가운데로 지날 때에 내가 너와 함께할 것이라 강을 건널 때에 물이 너를 침몰하지 못할 것이며 네가 불 가운데로 지날 때에 타지도 아니할 것이요 불꽃이 너를 사르지도 못하리니" 사 43:2.

창조와 구원의 하나님!
아이의 생명을 주님이 창조하셨고, 구원하시는 것을 믿습니다.
아이가 언제 어느 곳에서든지 하나님의 임재로 충만하게 하시고, 주님의 권능과 보호하심을 체험하며 살게 하소서.
모든 불의 위험으로부터 지켜주셔서 머리털 하나도 타거나 데지 않게 하시고, 모든 물의 위험으로부터 지켜주셔서 해로움을 당하지 않게 하소서.
세상에서 사는 동안 생명싸개로 보호하셔서 세상의 풍파로부터 지켜주시고, 영혼과 마음과 육체 모두 하나님 앞에 온전하게 보존해 주소서.
하나님이 지명하여 부르신 아이, 하나님의 것이오니, 담대하게 세상에 나아가 승리하고 성취하는 삶을 살게 하소서.
때때로 예기치 못했던 하나님의 은총을 아이에게 보여주소서.
예수님의 이름으로 기도드립니다. 아멘.

육신의 필요를 채워주소서

"우리를 시험에 들게 하지 마시옵고 다만 악에서 구하시옵소서" 마 6:13.

인생에 필요한 모든 것을, 기도를 통해 공급하시는 하나님!
아이의 영·혼·육 모두를 풍요롭게 하는 생명의 양식을 공급해 주소서.
언제나 주님 앞에 나아가 사죄의 은총을 입게 하시며, 다른 사람도 용서하게 하소서.
악한 자들의 유혹과 시험, 그리고 사고로부터 지켜주소서.
모든 악한 것들이 아이에게 접근도 하지 못하도록 명하노니, 믿음대로 지켜주소서.
"예수님의 이름으로 명하노니 악한 세력은 하나님의 자녀에게서 멀리 떠날지어다."
아이가 평생 맑은 영혼으로 성결한 삶을 살게 하소서.
물질적, 세상적 유혹을 이길 수 있는 강한 믿음과 바른 정신을 주소서.
육체뿐 아니라 정신적·영적으로 안전을 보장해 주소서.
악한 영들과의 영적 싸움에서 승리자가 되게 하소서 엡 6:12.
예수님의 이름으로 기도드립니다. 아멘.

평생 아이의 안전을 보장해 주소서

"내가 평안히 눕고 자기도 하리니 나를 안전히 살게 하시는 이는 오직 여호와이 시니이다" 시 4:8.

권능의 손으로 품어주시는 하나님!
이 세상은 험악하여 부모인 저희조차 아이의 안전을 보장해 줄 수 없습니다.
불가항력적인 사건과 사고, 범죄와 위협이 도처에 많습니다. 아이가 가는 모든 길을 지켜주시고, 행하는 모든 일에 함께하소서.
힘들고 어려울 때 언제나 믿음으로 주님을 붙들게 하소서.
아이가 저/아내의 품 안에 있을 때 모든 것을 맡기고 평안하게 잠을 청할 수 있는 것처럼, 저희가 주님의 품 안에서만 평안을 누릴 수 있음을 믿습니다.
아이의 평생을 주님께 맡기오니, 주님의 손으로 아이 앞의 모든 어려움을 막아주소서.
주님이 도움이 되시고, 어려울 때 피할 산성이 되어주소서.
주님이 견고한 반석이 되시고, 방패가 되어주소서.
구원은 주님께 있사오니, 주님의 복을 아이에게 내려주소서 시 3:8.
예수님의 이름으로 기도드립니다. 아멘.

천사를 보내어 항상 아이를 지켜주소서

"그가 너를 위하여 그의 천사들을 명령하사 네 모든 길에서 너를 지키게 하심이라" 시 91:11.

천사를 보내어 저희를 지키시는 하나님!
이제 사람들은 어머니의 자궁도 안전한 곳이 아니라고 합니다.
하나님이 안전을 보장해주지 않으시면 세상 어느 곳도 안전한 곳이 아닙니다. 모태에서부터 천국까지 천군천사를 보내셔서 아이를 안전하게 지켜주소서. 아이를 눈동자처럼 지켜주셔서, 어느 곳에서나 항상 보호해 주소서.
위험천만한 세상에서도 하나님이 함께하시면 안전망이 쳐 있는 줄로 믿습니다. 사고에 노출되지 않게 하시고, 범죄의 표적이 되지 않게 하시며, 유혹의 대상이 되지 않도록 천사를 보내어 지켜주소서. 어떤 질병이나 전염병도 가까이 오지 않게 하시고, 재앙이나 불행이 가까이 미치지 못하도록 막아주소서.
실수로라도 다치지 않게 하시고, 자연이나 사람이 해를 미치지 못하도록 지켜주소서.
아이가 하나님을 사랑하니 건져주시고, 하나님의 이름을 아니 높여주소서 시 91:14.
예수님의 이름으로 기도드립니다. 아멘.

아이의 생명을 지켜주소서

"여호와께서 너를 지켜 모든 환난을 면하게 하시며 또 네 영혼을 지키시리로다" 시 121:7.

시초부터 저희의 도움이 되시는 하나님!
저희를 도우시는 창조자 하나님을 향하여 눈을 듭니다.
아이의 평생에 대적이 없게 하시고, 삶의 도전도 믿음으로 이기게 하소서.
아이가 평생에 실족하지 않도록 가는 길마다, 하는 일마다 도와주소서.
아이를 지키시는 하나님은 졸지도 않고 주무시지도 않는다는 말씀을 믿습니다.
하나님이 보호하시는 그늘이 되어 낮에도 밤에도 안전하게 하소서. "하나님을 의지하는 자는 시온 산과 같이 흔들리지 않는다" 시 125:1는 말씀을 믿습니다.
산으로 성을 두름같이 하나님께서 아이를 둘러주소서.
평생에 모든 환난을 면케 하시고, 아이의 건강과 생명과 영혼을 지켜주소서.
아이의 출입을 이제부터 영원까지 지켜주소서 시 121:8.
예수님의 이름으로 기도드립니다. 아멘.

아름다운 얼굴을 주소서

"누가 지혜자와 같으며 누가 사물의 이치를 아는 자이냐 사람의 지혜는 그의 얼굴에 광채가 나게 하나니 그의 얼굴의 사나운 것이 변하느니라" 전 8:1.

소망과 도움이 되시는 하나님!
얼굴은 보이지 않는 사람의 정신을 반영함을 믿습니다.
아이에게 맑은 영혼과 밝은 마음을 주셔서, 항상 표정이 밝고 얼굴에 광채가 나게 하소서.
명랑하고 즐거운 얼굴로 주변 사람들에게 평안과 기쁨을 주게 하소서.
지혜와 명철이 아이의 외모를 통해 드러나게 하시고, 지혜로운 마음으로 사물의 이치와 때를 분별하게 하소서.
마음에 근심이 없게 하시고 분노를 품지 않게 하소서.
해맑은 미소와 다정한 눈빛으로 사람들에게 사랑과 소망을 전하게 하시고, 믿음을 주는 사람이 되게 하소서.
예수님의 이름으로 기도드립니다. 아멘.

생명의 신비에 대해 감탄하게 하소서

"주께서 내 내장을 지으시며 나의 모태에서 나를 만드셨나이다 내가 주께 감사하옴은 나를 지으심이 심히 기묘하심이라 주께서 하시는 일이 기이함을 내 영혼이 잘 아나이다"시 139:13-14.

사람을 빚으시는 하나님!
아이의 모든 육체의 장기들이 온전하고 완벽하게 형성되어 하나님의 오묘한 솜씨를 찬양하게 하소서.
폐와 심장이 튼튼하고, 위는 음식을 잘 소화하며, 배설도 잘하게 하소서.
혈관에 피가 잘 돌게 하시고, 간과 신장 모두 강건하게 하소서. 뼈도 튼튼하고, 피부에 윤기가 흐르게 하시며, 키도 무럭무럭 잘 자라게 하시고, 수려한 용모도 갖추게 하소서.
모태에서부터 주님의 손길로 아이를 온전하게 조성해 주소서.
아이가 자라면서 자신이 얼마나 놀랍게 창조되었는지를 감탄하게 하시고, 자신이 얼마나 소중한 존재인지를 알게 하소서.
하나님의 영광을 드러내기 위해 아이를 보배롭고 존귀하게 만드시는 하나님을 찬양합니다.
예수님의 이름으로 기도드립니다. 아멘.

건강한 정신이 인생의 버팀목이 되게 하소서

"마땅히 행할 길을 아이에게 가르치라 그리하면 늙어도 그것을 떠나지 아니하리라" 잠 22:6.

길이요 진리요 생명이신 주님!
아이가 행해야 할 길을 먼저 저희에게 가르쳐 주소서.
어려서부터 저희 아이에게 바른 습관이 자리를 잡게 하소서.
저희 삶으로 아이에게 본을 보여주면서 마땅히 행할 바를 가르치게 하소서.
저희 가정의 분위기와 저희의 정신적, 신앙적 삶의 자세가 아이에게 살아갈 인생에 대한 바른 기준이 되게 하소서.
하나님의 진리 안에서 섬기고, 베풀고, 나누고, 도와주고, 사랑하고, 감사하는 아름다운 삶의 태도가 아이의 몸과 정신에 스며들게 하소서.
이러한 건강한 정신이 아이 인생의 버팀목이 되게 하소서.
그리하여 평생 진리 안에서 복된 삶을 누리게 하소서.
예수님의 이름으로 기도드립니다. 아멘.

흠 없이 보전되게 하소서

"평강의 하나님이 친히 너희를 온전히 거룩하게 하시고 또 너희의 온 영과 혼과 몸이 우리 주 예수 그리스도께서 강림하실 때에 흠 없게 보전되기를 원하노라"
살전 5:23.

완전하고 거룩하신 하나님!
아이의 영과 혼과 몸을 온전히 거룩하게 하소서.
아이의 감각, 감성, 지성, 의지, 영성 모두 골고루 잘 발달되어 온전한 인격을 이루어 예수님을 닮아가게 하소서.
평강의 하나님이 아이의 삶의 지경에 평안함을 주시고, 험한 세상, 많은 유혹과 시험 가운데 치우침 없이 온전히 주님만 바라보고 나아가게 하소서.
하나님의 임재에 사로잡혀 구별된 삶을 살게 하소서.
세상이 아이의 몸과 정신과 영혼을 더럽히지 못하도록, 하나님 나라에 이를 때까지 성령으로 날마다 지켜주소서.
하나님이 부르셨으니 능히 하나님의 뜻을 이루실 줄 믿습니다.
예수님의 이름으로 기도드립니다. 아멘.

때로는 할 수 있지만 하지 않는 결단력도 주소서

"모든 것이 가하나 모든 것이 유익한 것은 아니요 모든 것이 가하나 모든 것이 덕을 세우는 것이 아니니"고전 10:23.

덕을 세우시는 하나님!
아이가 세상에서 많은 사람들에게 유익을 주고 하나님의 덕을 끼치는 삶을 살게 하소서. 자기의 유익만 구하는 이기적인 사람이 되지 않게 하시고, 무엇을 하든지 하나님의 영광을 구하는 사람이 되게 하소서고전 10:31. 세상에 할 수 있는 것도 많고, 하고 싶은 것도 많지만 절제할 줄 알게 하소서.
한정된 시간과 물질과 지위를 가지고 있사오니, 하나님의 뜻에 따라 지혜롭게 활용하며 자족할 줄 알게 하소서. 어떤 상황에서든지 최선, 최상의 것을 선택할 수 있는 분별력을 주소서.
아이가 자신은 하나님의 것들을 맡은 선한 청지기라는 사실을 알게 아시고, 자신의 한계를 인정하고, 하나님이 주신 것들을 남용하지 않게 하소서. 때로는 할 수 있는 권리가 있지만 하지 않는 결단도 필요하다는 것을 알게 하소서.
자신의 권리를 하나님의 영광과 다른 사람의 덕과 유익을 위하여 내려놓을 줄도 알게 하소서.
예수님의 이름으로 기도드립니다. 아멘.

분명한 자기 정체성을 가지고 살게 하소서

"하늘로부터 소리가 있어 말씀하시되 이는 내 사랑하는 아들이요 내 기뻐하는 자라 하시니라" 마 3:17.

인생을 내시고 사랑하시는 하나님!
아이가 자신의 분명한 정체성을 가지고 살게 하소서.
하나님이 사랑하시며 기뻐하신다는 음성을 분명히 들으며 살게 하소서. 세상에서 자기의 소유나 다른 사람의 평가로 자신을 규정하지 않고, 하나님과의 관계를 통하여 자신의 정체성을 확인하게 하소서.
예수님께서 세례를 받으실 때, 그리고 변화산에서 기도하실 때 들었던 "너는 내 사랑하는 아들이요 내 기뻐하는 자라"는 음성을 항상 듣게 하소서.
세상을 살면서 하늘 문이 열리고 위로부터 부르시는 하나님의 음성을 듣게 하소서.
자신이 얼마나 하나님 앞에서 존귀한 존재이며, 얼마나 아름다운 존재로 지음을 받았는지 알게 하소서.
부정적인 자아가 자신을 비하하지 않게 하소서.
오직 하나님께 속한 자로서 자신을 밝히 보게 하소서.
예수님 안에서 진정한 자아를 발견하게 하소서.
예수님의 이름으로 기도드립니다. 아멘.

언제나 아이와 같은 순전한 심령을 주소서

"그때에 예수께서 대답하여 이르시되 천지의 주재이신 아버지여 이것을 지혜롭고 슬기 있는 자들에게는 숨기시고 어린아이들에게는 나타내심을 감사하나이다" 마 11:25.

어린아이와 같은 심령을 가진 사람들을 위해 감사기도를 하신 주님! 아이가 주님이 기뻐하시는 모습이 되게 하소서.
하나님 나라의 비밀을 세상에서 지혜 있다고 하는 자들에게는 숨기시고 어린아이들에게는 나타내심을 감사합니다.
아이에게 주님의 신령한 세계를 보는 눈과 말씀을 듣는 귀를 허락하소서. 말씀에 대한 의심 없는 수용성, 겸허한 신뢰성, 순수한 의존성을 주소서.
편견이나 선입견을 버리고, 기쁜 마음으로 은혜를 받으며, 평범한 것에도 호기심을 느끼고, 전적으로 신뢰하며, 소망이 이루어질 것을 기대하게 하소서.
두려움 없이 도움을 청할 줄 알며, 자기의 무력함을 선뜻 인정하게 하소서.
당황하거나 믿음을 저버리거나 하나님을 원망하지 않게 하시고, 담대하게 하나님께 믿음으로 나아가 승리를 얻게 하소서.
예수님의 이름으로 기도드립니다. 아멘.

지혜와 명철을 주소서

"하나님이 이 네 소년에게 학문을 주시고 모든 서적을 깨닫게 하시고 지혜를 주셨으니 다니엘은 또 모든 환상과 꿈을 깨달아 알더라" 단 1:17.

탁월한 학자의 지혜를 주시는 하나님!
아이에게 다니엘과 같은 특별한 지혜와 총명을 주소서.
하나님이 주시는 지혜로 말미암아 세상의 지식들을 분별하게 하시고, 하나님이 주시는 영감으로 배움 위에 상상력과 창의력을 더하여 주소서.
학자의 귀를 주셔서 어려운 내용도 쉽게 알아듣게 하시고, 학자의 혀를 주셔서 곤고한 자를 말로 돕는 법을 알게 하소서.
세상의 위대한 서적들을 통달하여 깨닫는 마음도 주소서.
세상의 학문에서도 지혜와 총명이 남들 위에 열 배나 뛰어나게 하시고, 이 모든 것을 하나님의 영광을 위해 선용하는 법도 알게 하소서.
사람을 세우고 세상을 구하는 지혜로운 사람이 되게 하소서.
아이가 믿음으로 이러한 지혜를 날마다 공급받게 하소서.
예수님의 이름으로 기도드립니다. 아멘.

아이의 마음과 생각을 지켜주소서

"모든 지킬 만한 것 중에 더욱 네 마음을 지키라 생명의 근원이 이에서 남이니라" 잠 4:23.

마음과 생각을 주관하시는 하나님!
아이가 창조적이고 긍정적인 생각을 하도록 도와주소서.
생각은 현실이 되오니 좋은 생각만 하게 하소서.
생각은 강을 깊게 파서 물길을 내는 것과 같사오니, 부정적인 방향으로 물길을 내는 부정적인 생각이 아니라 긍정적인 방향으로 물길을 내는 긍정적인 생각을 하게 하소서.
두려움 대신 믿음을 선택하고, 불가능 대신 가능성을 생각하며, 어두운 면보다 밝은 면을, 부정적인 것보다 긍정적인 것을 보게 하소서.
마음을 지킨다는 것은 믿음과 소망으로 꿈을 지키는 것이라고 믿습니다.
모든 지각에 뛰어난 하나님의 평강이 그리스도 예수 안에서 아이의 마음과 생각을 지켜주소서 빌 4:7.
아이의 생각을 하나님의 생각과 일치시킬 수 있게 하시고, 하나님의 생명이 아이에게 풍성하게 나타나게 하소서.
예수님의 이름으로 기도드립니다. 아멘.

은사와 소명을 발견하게 하소서

"만물이 그에게서 창조되되 하늘과 땅에서 보이는 것들과 보이지 않는 것들과 혹은 왕권들이나 주권들이나 통치자들이나 권세들이나 만물이 다 그로 말미암고 그를 위하여 창조되었고" 골 1:16.

사람을 통하여 하나님이 소원하시는 일을 하기를 기뻐하시는 하나님!
아이가 자신을 세상에 보낸 하나님의 위대한 목적을 알게 하소서.
아이를 보내심은 세상에 희망을 주시려는 하나님의 계획인 줄 믿사오니 렘 29:11, 아이가 하나님의 보내신 소명을 깨달아 사명자의 삶을 살 수 있도록 도와주소서.
자신이 잘할 수 있고 좋아하는 일을 찾을 수 있게 하시고, 평생 즐겁고 보람 있게 일하며, 자신의 일을 통해 하나님을 섬기게 하소서.
일터가 사명의 자리가 되게 하시고, 일이 사역이 되게 하소서.
하나님이 세상에 주시는 가장 큰 선물은 사람으로 포장해 주시는 것을 믿사오니, 아이가 세상에 내시는 하나님의 위대한 선물이 되게 하소서. 저희와 아이가 하나님이 주신 은사와 소명을 발견하도록 도와주소서.
예수님의 이름으로 기도드립니다. 아멘.

꿈을 꾸며 그 꿈을 이루는 사람이 되게 하소서

"묵시가 없으면 백성이 방자히 행하거니와 율법을 지키는 자는 복이 있느니라"
잠 29:18.

하나님의 목적 가운데 사람을 내시는 하나님!
아이를 향한 하나님의 비전을 알게 해주소서.
아이가 하나님의 목적을 자신의 비전으로 품게 하소서.
아이를 향한 하나님의 꿈과 아이의 꿈이 일치 되게 하소서.
아이가 원대한 비전을 가지고 그것을 이루기 위한 열정을 가지고 살게 하소서.
날마다 비전이 아이의 삶을 붙들고 만들며 이끌어가게 하소서.
비전을 이루기 위해 절제할 줄 알며 소망 중에 인내할 줄도 알게 하소서.
자신만을 위한 야망이 아니라 모두를 위한 참된 비전을 갖게 하소서. 하나님 나라를 위한 원대한 비전을 가지고 모든 사람을 이롭게 하소서.
하나님의 때에 하나님의 방법으로 하나님의 뜻을 이루어 주실 줄 믿습니다.
예수님의 이름으로 기도드립니다. 아멘.

비둘기처럼 순결하고 뱀처럼 지혜롭게 하소서

"여호와를 경외하는 것이 지혜의 근본이요 거룩하신 자를 아는 것이 명철이니라" 잠 9:10.

지혜가 풍성하신 하나님!
아이가 하나님을 경외하는 지혜로운 사람으로 자라게 하소서. 지혜를 얻는 것이 은금을 얻는 것보다 더욱 낫다고 하셨으니 잠 16:16, 아이가 세상의 모든 보화보다 지혜를 먼저 구하게 하소서. 하나님의 영광을 위하고 다른 사람들을 돕기 위해 지혜를 구하게 하소서. 솔로몬에게 주셨던 지혜를 아이에게 주셔서 하나님의 뜻을 분별하며, 사람들을 옳은 데로 인도할 수 있는 명철한 지도자가 되게 하소서.
하나님을 아는 것이 지혜의 근본임을 믿사오니, 하나님을 체험적으로 알고 하나님을 마음속에 모시고 살게 하소서.
가까이해야 할 사람과 멀리해야 할 사람을 구별할 수 있는 지혜를 주소서.
하나님의 지혜를 통하여 세상에서 장구한 생명을 누리게 하시고, 어느 곳에 가든지 존귀한 자가 되게 하소서.
예수님의 이름으로 기도드립니다. 아멘.

약할 때 긍휼을 베푸소서

"이웃과 친족이 주께서 그를 크게 긍휼히 여기심을 듣고 함께 즐거워하더라" 눅 1:58.

긍휼이 많으신 하나님!
아이가 평생 동안 주님의 긍휼하심을 입기를 원합니다.
사람은 부족하고 연약하여 때로 잘못하고 실수도 많습니다.
주님은 긍휼이 크시니 불쌍히 여기셔서 용서하시고 새로운 기회를 주소서.
아이에게 허물을 깨닫고 뉘우치며 회개하고 주님께 돌이키는 심령을 주시고, 아이가 하나님의 사랑과 주님의 자비를 힘입을 수 있도록 도와주소서.
몸이 아프거나 마음이 힘들거나 영혼이 지쳤을 때도 풍성한 긍휼을 내려주소서.
주님의 베푸시는 은혜와 긍휼로 말미암아 모든 것이 회복되게 하소서.
아이가 하나님의 큰 사랑을 입고 살아감이 저희의 기쁨입니다.
아이가 주님의 사랑에 힘입어 날마다 주님 앞에 바로 서고, 많은 사람들을 주께 인도할 수 있도록 도와주소서.
예수님의 이름으로 기도드립니다. 아멘.

하나님의 지혜로 충만케 하소서

"그를 높이라 그리하면 그가 너를 높이 들리라 만일 그를 품으면 그가 너를 영화롭게 하리라" 잠 4:8.

지혜의 영이시며 지혜의 본체이신 하나님!
지혜로운 자식을 낳은 자는 그로 말미암아 즐거우리라 잠 23:24 하셨으니 지혜로운 아이를 둔 부모의 기쁨을 저희에게 주소서.
우리 아이가 평생에 지혜를 얻으며 명철을 얻게 하소서.
범사에 하나님을 높임으로써 하나님이 아이를 높여주시기 원합니다.
항상 지혜로운 마음을 품음으로써 지혜가 아이를 영화롭게 하기를 원합니다.
지혜로 말미암아 세상에서 아름다운 관을 쓰게 해주소서.
언제나 지혜가 아이를 인도하고 지켜주며 보호하기를 원합니다.
말이나 생각이나 행동 면에서 지혜롭게 하소서.
지혜로 다른 사람들을 위로하고 지도하게 하소서.
예수님의 이름으로 기도드립니다. 아멘.

기도응답일지

❋ 기도 중 하나님이 주신 말씀이나 생각을 적어본다

4장 • 아이의 습관과 성품이 아름답게 형성되기 위한 기도

자녀의 꿈을 위한 기도 송용구

어두워가는 자녀의 눈망울을
하늘의 파란 빛으로 물들이소서.

차가워지는 자녀의 가슴을
포근한 백합의 향기로 채워주소서.

자녀와 함께 푸른 풀밭에 누워
시냇물의 실로폰 소리에 귀를 기울이게 하소서.

숲 속의 나무그늘에 앉아
자녀와 함께 책을 읽게 하소서.

새들의 고운 노래로
아이들의 책갈피를 열어주시고

나뭇가지를 연필로 삼으시어
아이들 영혼의 페이지마다
녹색의 글을 적어주소서.

종이 침대 위에 잠들어 있던 문장들이
새로 사귄 친구처럼 맑은 눈을 뜨고
아이들 앞에 걸어나오게 하소서.

아직 내일의 음표를 그려넣지 못한
아이들의 새하얀 악보마다
꿈의 높은음자리를 채워주소서.

경건한 습관을 훈련하게 하소서

"망령되고 허탄한 신화를 버리고 경건에 이르도록 네 자신을 연단하라" 딤전 4:7.

사람을 만들어 가시는 하나님!
아이가 어렸을 때부터 기도하며 말씀을 보는 거룩한 습관을 길들이게 하소서.
아침에 일어나 제일 먼저 예수님을 생각하게 하시고, 첫마디는 하나님을 부르는 말이 되게 하시고, 처음 행동은 기도의 무릎을 꿇는 것이 되게 하소서.
하나님의 음성을 들으며 하루를 시작하게 하시고, 하나님의 말씀과 하나님의 임재 안에서 하루를 살게 하소서.
거룩한 습관이 아이 존재의 일부가 되게 하시고, 삶의 방식이 되게 하소서.
시간이 지날수록 좋은 습관이 아이를 지탱해주는 힘이 되게 하소서.
그리하여 날마다 주님을 닮아가게 하소서. 말과 행실과 사랑과 믿음과 정절에서 믿는 자의 본이 되게 하소서.
예수님의 이름으로 기도드립니다. 아멘.

범사에 감사하게 하소서

"하나님께서 지으신 모든 것이 선하매 감사함으로 받으면 버릴 것이 없나니" 딤전 4:4.

모든 것을 좋게 만드신 고마우신 하나님!
하나님이 거하시는 처소는 하나님 나라와 감사하는 마음이라고 하였사오니, 아이가 항상 감사하는 마음으로 주님을 중심에 모시게 하소서.
자신에게 주어진 귀한 것들을 당연하게 여기지 않게 하시고, 작거나 사소한 일에도 감사를 잊지 않게 하소서.
매사에 감사하는 마음을 품을 뿐 아니라 감사를 적절하게 표현할 줄도 알게 하소서.
하나님이 허락하시는 모든 것을 감사함으로 받을 줄 알고, 매사를 말씀과 기도로 거룩하게 변화시키게 하소서.
힘든 것이라도 감사함으로 잘 감당할 수 있도록 도와주소서.
사물의 어두운 면보다는 밝고 아름다운 면을 보게 하시고, 긍정적인 마음과 안목으로 세상을 해석하게 하소서.
하나님과 나라, 그리고 부모와 사람들의 사랑에 감사로 보답하는 삶을 살게 하소서.
예수님의 이름으로 기도드립니다. 아멘.

선하고 귀한 말만 하게 하소서

"너희 말을 항상 은혜 가운데서 소금으로 맛을 냄과 같이하라 그리하면 각 사람에게 마땅히 대답할 것을 알리라" 골 4:6.

말씀으로 세상을 창조하신 하나님!
저희는 말씀의 무한한 능력을 믿습니다.
사람의 혀를 만드신 하나님께서 언어에 완전한 사람은 모든 것에 완전하다고 하셨는데, 아이가 덕을 세우는 말, 사랑을 전하는 말, 격려하는 말, 감사하는 말, 주님을 전하는 아름다운 말을 하게 하소서.
배설하는 말이 아니라 배려하는 말, 허무는 말이 아니라 세우는 말, 경박한 말이 아니라 은혜의 맛을 내는 품위 있는 말을 하게 하소서. 하나님을 찬양하고 기도하는 신령한 언어를 주시고, 생명을 부르는 말을 하게 하소서.
풍성한 어휘력과 적절한 언어 사용 능력을 주셔서 어느 곳에 가든지 자기의 의사를 분명하고 적절하게 표현할 줄 알게 하소서.
사람은 자기 입에서 나오는 열매를 먹는다고 하였사오니, 선하고 귀한 말, 하나님께 영광 돌리는 말을 통해 풍성한 열매를 얻게 하소서.
예수님의 이름으로 기도드립니다. 아멘.

좋은 책을 통해 인생을 풍요롭게 하소서

"예수께서 이르시되 율법에 무엇이라 기록되었으며 네가 어떻게 읽느냐" 눅 10:26.

성경 말씀을 통하여 자신을 계시하시는 하나님!
아이가 책읽기를 좋아하고 책을 통하여 진정한 자아를 형성하게 하소서. 책읽기가 아이 안에 있는 가능성을 불러내는 마중물이 되게 하소서.
하나님 말씀을 실천적으로 읽어서 삶의 변화가 일어나게 하시고, 말씀으로 세상을 해석하고 판단하며 살게 하소서.
거룩한 영적 책읽기를 통해 영혼에 영감과 감동과 새로움을 공급하게 하소서.
책읽기를 통해 자아가 확대되고 사고의 네트워크가 확장되게 하소서. 책으로 넓은 세상을 보며, 책으로 자신을 더 잘 비추어보게 하소서.
책에서 얻은 지식과 정보가 깨달음과 감동으로 연결되고, 다시 고상한 인격을 빚어내는 변화로, 새로운 행동을 촉발하게 하소서. 좋은 책을 읽는 습관이 몸에 배이게 하소서.
예수님의 이름으로 기도드립니다. 아멘.

시간을 선용하게 하소서

"세월을 아끼라 때가 악하니라" 엡 5:16.

시간을 창조하시고 주관하시는 하나님!
아이로 하여금 시간을 잘 선용하는 사람이 되게 하소서.
주어진 시간을 하나님의 선물로 알고, 그 시간이 유한하다는 것도 알게 하소서. 자신에게 주어진 때와 기회를 잘 활용하는 시간의 선한 청지기가 되게 하소서.
하나님의 때를 분별할 수 있는 지혜를 주시고, 그때에 맞는 행동을 하게 하소서. 흐르는 크로노스의 시간에서 하나님의 영원한 카이로스를 경험하게 하소서.
시간 계획을 잘 세워 소중한 일을 먼저 하고, 즐거운 일은 나중에 하게 하소서.
시간에 쫓기는 삶이 아니라 시간을 지배하는 삶, 시간에 끌려다니는 사람이 아니라 시간을 이끄는 사람이 되게 하소서.
유한한 시간 속에 살면서도 영원을 위하여 준비하며 시간을 구속하는 아름다운 삶을 살도록 도와주소서.
하나님 나라를 위해 시간을 선용함으로써 유한을 영원한 것으로 바꾸는 지혜로운 사람이 되게 하소서.
예수님의 이름으로 기도드립니다. 아멘.

주일을 성수하게 하소서

"하나님이 그 일곱째 날을 복되게 하사 거룩하게 하셨으니" 창 2:3.

안식일을 만드시고 복되게 하사 거룩하게 하신 하나님!
아이가 믿음으로 주님의 안식을 누릴 수 있게 하소서.
세상은 능률과 효율과 생산을 숭배하고, 존재가 아니라 행위로 자신을 증명하려고 합니다. 그래서 몸과 마음과 영혼이 안식을 얻지 못합니다. 그러나 인생을 가치 있게 만드는 것들은 분주함이나 애쓰는 것에서 오지 않고 오히려 하나님의 선물과 안식에서 나오는 것을 알게 하소서.
아이가 고요, 평안, 평화, 조화, 휴식, 여가를 누릴 수 있는 사람이 되게 하소서. 안식일에 하나님은 쉬시면서 그날을 거룩하게 하시고 복을 주셨듯이, 아이도 안식을 누리며 쉼, 성별, 축복을 경험하게 하소서.
안식함으로 시간을 성화하며 구원하게 하소서.
하나님의 주권을 받아들이고 믿음으로 은혜 안에서 쉬는 법을 배우게 하소서. 어떤 환경에서든지 주님이 돌보신다는 믿음으로 모든 것을 주님께 맡기고 안식하게 하소서.
주님께 나아가 주님 안에서 주님이 마련하신 참된 쉼을 누리게 하소서 마 11:28.
예수님의 이름으로 기도드립니다. 아멘.

바른 열정을 심어주소서

"네 마음을 다하고 목숨을 다하고 뜻을 다하고 힘을 다하여 주 너의 하나님을 사랑하라 하신 것이요" 막 12:30.

열심이 대단하신 하나님!
주님의 열정이 결국 저희를 구원하여 하나님의 자녀로 만드셨습니다.
아이가 하나님을 향한 열정과 사람을 향한 긍휼로 불타게 하소서.
마음을 다하고, 목숨을 다하고, 뜻을 다하고, 힘을 다하여 하나님을 사랑하게 하소서.
주님의 마음을 가지고 이웃을 긍휼히 여기며 자신처럼 사랑하게 하소서.
사랑의 이중 계명을 잘 지킴으로 율법의 정신을 이루게 하소서.
세상에 열정 없이 이루어진 위대한 일은 없는 줄 아오니, 뜨거운 가슴을 주셔서 매사에 열심을 다하게 하시고, 그 열정의 방향도 바르게 가져갈 수 있도록 인도해 주소서.
하나님께서 아이의 인생 깊숙한 곳에 바른 열정을 심어주시고 그 열정이 아이를 움직이게 하소서.
예수님의 이름으로 기도드립니다. 아멘.

성령 충만으로 성품의 열매를 맺게 하소서

"술 취하지 말라 이는 방탕한 것이니 오직 성령으로 충만함을 받으라" 엡 5:18.

거룩하신 하나님!
정결하고 구별된 하나님의 자녀를 저희에게 주셨습니다.
아이가 세상을 살면서 악한 것들에 물들지 않도록 지켜주소서. 술이나 담배나 모든 중독성이 있는 것들을 멀리하게 하시고, 세속적인 것들을 좋아하거나 그것들에 물들지 않게 하소서.
세상의 빛과 소금이 되어 세상을 변화시키는 사람이 되게 하소서.
세상이 아이를 이끌고 방탕의 길로 가지 않게 하시고, 오직 성령으로 충만하여 신령한 길로 행하게 하소서.
성령이 충만하여 내면으로는 성품의 아름다운 열매를 맺게 하시고, 외면으로는 성령의 능력과 은사가 나타나게 하소서.
시와 찬송과 신령한 노래로 주를 찬양하며 감사하는 삶을 살게 하소서.
예수님의 이름으로 기도드립니다. 아멘.

하나님의 성품을 닮게 하소서

"이로써 그 보배롭고 지극히 큰 약속을 우리에게 주사 이 약속으로 말미암아 너희가 정욕 때문에 세상에서 썩어질 것을 피하여 신성한 성품에 참여하는 자가 되게 하려 하셨느니라" 벧후 1:4.

거룩한 삶으로 부르시는 하나님!
아이가 세상에 살면서도 세상에 속하지 않고 하나님의 성품에 참여하게 하소서. 예수님을 더욱 많이 알아갈수록 은혜와 평강이 아이 안에 넘쳐서 하나님의 신기한 능력으로 생명이 풍성해지고 경건이 넘치게 하소서. 아이의 삶에 하나님의 영광과 덕이 흘러 넘쳐나게 하소서. 그래서 "믿음에 덕을, 덕에 지식을, 지식에 절제를, 절제에 인내를, 인내에 경건을, 경건에 형제 우애를, 형제 우애에 사랑을"벧후 1:5,6 더해가는 삶을 살게 하소서.
그리스도의 장성한 분량에 이르는 거룩하고 아름다운 성품을 가꾸어 가므로 좋은 나무가 좋은 열매를 맺듯이, 아이의 인생에 아름다운 열매가 가득하게 하소서.
보배롭고 지극히 큰 약속을 받은 아이가 세상의 썩어질 것들과 정욕을 피하여 하나님의 부르심과 택하심을 굳게 하여 영원한 나라에 넉넉히 들어가게 하소서.
예수님의 이름으로 기도드립니다. 아멘.

죄와 연약함을 고백하게 하소서

"심령이 가난한 자는 복이 있나니 천국이 그들의 것임이요" 마 5:3.

진정한 복을 주시기를 기뻐하시는 하나님!
복은 소유 이전에 존재와 성품에 있음을 알게 하심을 감사합니다. 팔복은 주님의 복, 영원한 복, 하나님 나라의 복인 줄 믿습니다. 심령의 가난은 기독교인의 근본적인 성품인 줄 믿사오니, 아이가 하나님을 갈망하기에 목마르고 배고픈 사람이 되게 하소서. 가난한 마음은 물질의 가난이나 심지가 약한 사람이 되는 것이 아니라 하나님 앞에 가난하여 하나님께만 전적으로 의존하는 사람임을 알게 하소서.
모든 것을 하나님께로부터 바라고, 하나님 앞에 겸손하고, 자신의 절대적인 무능력을 깨닫고, 전적으로 하나님만 의지하는 자가 되게 하소서.
하나님으로만 심령이 풍요로워질 수 있사오니, 하나님만 의지하는 순수한 믿음을 가지고 자신을 비우며 하나님과 완전한 합일을 이루게 하소서.
이러한 마음에 천국이 이루어지게 하소서.
예수님의 이름으로 기도드립니다. 아멘.

세상의 악 때문에 애통하게 하소서

"애통하는 자는 복이 있나니 그들이 위로를 받을 것임이요" 마 5:4.

저희의 눈물을 병에 담으시는 하나님!
아이가 저희에게 없어야 할 죄 때문에 아파하게 하시고, 저희에게 있어야 할 하나님의 거룩함이 없음을 인하여 애통하게 하소서. 죄에 대해 아파할 때 거룩함에 이르고 하나님의 위로가 임하는 줄 믿습니다.
주님 밖에 위로할 자가 없사오니, 우는 자들의 눈물을 씻어주소서.
팔복은 예수님을 닮은 사람이 되는 성품의 복을 말씀하는 줄 믿사오니, 아이가 예수님처럼 세상의 고통 받는 사람들을 불쌍히 여기고, 그들의 처지를 공감하고 동참하며 눈물의 사역을 하게 하소서.
이 슬픔을 통해 하늘의 위로와 기쁨을 맛보게 하소서.
마음이 상한 자를 가까이하시고, 중심에 통회하는 자를 구원하시는 하나님!
아이가 애통할 때 성령님의 위로하심과 주님의 따뜻한 손길을 느끼게 하소서.
예수님의 이름으로 기도드립니다. 아멘.

예수님의 온유를 배우게 하소서

"그러나 온유한 자들은 땅을 차지하며 풍성한 화평으로 즐거워하리로다" 시 37:11.

온유한 자는 복이 있나니 땅을 기업으로 받을 것이라고 말씀하신 하나님! 이 아이를 강한 자에게는 당당하고, 약한 자에게는 관대한 아이로 길러주소서.
외적으로는 부드러우면서도 내적으로는 강하게 하소서.
나약하지 않으면서도 강함을 잘 다스려, 절제된 방법으로 하나님의 목적을 이루기 위해서만 힘을 쓰도록 도와주소서.
확고한 목적을 가지고 있으면서도 독선적이지 않게 하소서.
온유함은 유순하고 온화하고 부드러운 평화의 성품이오니, 아이가 내면의 여유와 마음의 평안을 누리게 하소서.
자기의 마음을 다스리는 자는 성을 빼앗는 자보다 낫다고 하셨으니, 존재 깊은 곳에서 평상심을 잃지 않는 사람이 되게 하소서.
온유한 사람은 자신의 방법을 포기하고 하나님의 방법을 따르는 사람이오니, 매사에 자신을 드러내지 않고 하나님을 드러내게 하소서.
온유함이 지면의 모든 사람보다 뛰어났던 모세처럼 민 12:3, 부드러운 리더십의 소유자가 되게 하소서.
예수님의 이름으로 기도드립니다. 아멘.

긍휼이 많은 사람이 되게 하소서

"긍휼히 여기는 자는 복이 있나니 그들이 긍휼히 여김을 받을 것임이요" 마 5:7.

긍휼히 여기시며 노하기를 더디 하시는, 인자와 진실이 풍성하신 하나님!
하나님의 크신 능력과 긍휼이 저희 기도의 전제 조건이 됩니다. 주님의 긍휼을 힘입어 저희가 하나님 앞에 담대히 나아갑니다.
아이가 긍휼하신 주님의 성품을 닮아 주님의 마음으로 세상을 보게 하소서.
다른 사람들의 고통과 아픔과 장애를 외면하지 않고 아파하며 공감하며, 그들을 돕고자 하고 어려움을 함께 나누고자 하는 마음을 갖게 하소서.
힘없는 사람들을 단순히 불쌍히 여기는 정도가 아니라 그들의 꿈과 비전을 진지하게 생각하고 그것을 이룰 수 있도록 돕게 하소서.
아이도 주님께 긍휼히 여김을 받게 하소서. 주여, 저희를 불쌍히 여겨주소서.
인생을 살면서 설혹 잘못 생각하고 잘못 행동했을 때라도 하나님의 긍휼하심으로 은혜를 베풀어 주시고, 아이를 바른 길로 인도해주시며, 하나님의 사랑을 받게 하소서.
예수님의 이름으로 기도드립니다. 아멘.

청결한 마음을 주소서

"마음이 청결한 자는 복이 있나니 그들이 하나님을 볼 것임이요" 마 5:8.

마음의 중심을 보시는 하나님! 청결한 마음은 주님의 마음이며 하나님만 원하는 마음인 줄 믿습니다.
오직 주님의 마음을 품고 밝은 눈으로 하나님을 보게 하소서.
마음의 변화 없이는 행동의 변화나 사고의 변화도 기대할 수 없사오니, 아이가 거듭나고, 보혈로 정결케 되고, 성화의 과정을 지속하게 하소서.
하나님! 아이 안에 정한 마음을 창조하시고 정직한 영을 새롭게 하소서 시 51:10.
교만, 미움, 완악함, 불평, 분쟁, 시기, 악의, 거짓, 음란, 욕심을 버리게 하소서.
마음의 혼돈은 눈을 혼란시키고, 마음이 청결하지 못한 자는 영적인 시각장애인이오니, 깨끗하고 순전한 마음으로 주를 보게 하소서.
마음이 청결한 자는 하나님의 산에 오르며 거룩한 곳에 서리니 시 24:3-4,
주를 볼 소망을 가진 아이가 주님처럼 자신을 깨끗하게 하소서.
예수님의 이름으로 기도드립니다. 아멘.

하나님과 더불어 화평을 누리게 하소서

"화평하게 하는 자들은 화평으로 심어 의의 열매를 거두느니라" 약 3:18.

화평케 하는 자는 하나님의 아들이라고 말씀하신 주님!
아이가 어디서 무엇을 하든지 평화를 만드는 하나님의 자녀가 되게 하소서. 주님을 떠나서는 평안이 없고, 주님 밖에서 평안을 줄 자가 없나이다.
불안정하고 어정쩡한 세상의 편리함이 아니라 주 안의 평안을 누리게 하소서. 하나님과의 평화, 이웃과의 평화, 가정의 평화, 마음의 평화를 누리게 하소서. 세상이 줄 수 없는, 세상이 알 수도 없고, 세상이 빼앗을 수도 없는 평화를 주소서.
화목하게 하는 직책을 주셨으니 단순히 평화를 사랑하는 사람이 아니라, 평화를 위해 일하는 사람, 평화를 만드는 사람이 되게 하소서.
성 프란시스의 기도처럼 주여, 아이를 당신의 평화의 도구로 써 주소서.
미움이 있는 곳에 사랑을, 다툼이 있는 곳에 용서를, 분열이 있는 곳에 일치를 가져오게 하소서.
예수님의 이름으로 기도드립니다. 아멘.

은혜를 아는 사람이 되게 하소서

"이는 그리스도 예수 안에서 우리에게 자비하심으로써 그 은혜의 지극히 풍성함을 오는 여러 세대에 나타내려 하심이라"엡 2:7.

은혜와 긍휼이 풍성하신 하나님!
마땅히 받을 자격이 없음에도 불구하고 은혜로 구원해주신 것을 감사드립니다.
아이가 구원의 은혜를 하나님의 선물로 받았으니, 다른 사람을 향해서도 은혜와 자비를 베풀게 하소서.
아이가 웃는 사람과 함께 웃고, 우는 사람과 함께 울 수 있는 자비로운 성품을 갖기를 원합니다.
사람들을 부드럽게 대하고, 약자들을 배려하고, 힘겹게 살아가는 사람들에게 인정을 베풀고, 많은 사람들에게 관용을 베푸는 사람이 되게 하소서.
약한 자들에게 힘을 주고, 상한 자들을 치료하며, 슬픔에 빠진 자들을 위로하고, 곤경에 처한 자들을 도와주는 사람이 되게 하소서.
부드럽고 여유로운 마음으로 매사에 상냥하며 모두에게 친절한 사람이 되게 하소서
예수님의 이름으로 기도드립니다. 아멘.

선한 사람이 되게 하소서

"내 형제들아 너희가 스스로 선함이 가득하고 모든 지식이 차서 능히 서로 권하는 자임을 나도 확신하노라" 롬 15:14.

지극히 선하시고 완전하신 하나님!
아이가 부정, 부패, 거짓, 악함, 범죄가 만연한 이 땅에서 주님의 선하심으로 선한 영향력을 끼치는 삶을 살게 하소서.
세상에서 비둘기처럼 순결하고 뱀처럼 지혜로운 사람이 되게 하소서.
평생에 하나님의 선하심을 체험하고 다른 사람들에게 선을 나누는 삶을 살게 하소서.
선한 사람은 마음에 쌓은 선에서 선을 낸다 하셨으니 눅 6:45, 마음에 선함이 가득하여 기회가 닿는 대로 모든 사람에게 선한 일을 하게 하소서.
다른 사람을 칭찬하고 격려하고 위로하고 세워주는 삶을 살게 하소서.
이 세상에서 어두운 부분을 밝히는 빛과 살아갈 맛을 내는 소금이 되게 하소서.
성령의 능력으로 소망이 넘치는 삶을 살게 하소서 롬 15:13.
예수님의 이름으로 기도드립니다. 아멘.

신실한 사람이 되게 하소서

"그리고 맡은 자들에게 구할 것은 충성이니라" 고전 4:2.

충성스럽게 보시고 소중한 일을 맡기시는 하나님!
아이가 하나님을 주인으로 모시고 모든 일을 주님께 하듯 하게 하소서. 하나님의 뜻을 따라 열심을 다하여 맡긴 일에 충성하는 청지기가 되게 하소서.
하나님이 신뢰하고 맡긴 일에 충성으로 보답하게 하소서.
그래서 하나님의 동역자요, 하나님의 밭이요, 하나님의 집이 되게 하소서 고전 3:9.
작은 약속도 반드시 지키고, 가까운 사람에게 신실하며, 가족에게 충실하게 하소서.
사람들에게도 신실하여 어느 곳에서나 신뢰 받는 사람이 되게 하소서. 작은 일이라도 큰 사랑을 가지고 충실함으로 큰일도 맡게 하시고, 하나님 나라에서 "착하고 충성된 종아!"라는 칭찬을 듣게 하시며, 충성의 면류관을 쓰고 하나님 나라의 즐거움에 동참하는 자녀가 되게 하소서.
예수님의 이름으로 기도드립니다. 아멘.

자기 관리를 잘하게 하소서

"이기기를 다투는 자마다 모든 일에 절제하나니 그들은 썩을 승리자의 관을 얻고자 하되 우리는 썩지 아니할 것을 얻고자 하노라" 고전 9:25.

절제의 영을 부어주시는 하나님!
저희는 점점 더 절제하지 못하는 사회에 살고 있습니다.
그래서 경제적으로는 빚이 쌓이고, 많이 먹고 운동하지 않아 비대해지고, 정서적으로는 참지 못해 공격적이고, 윤리적으로는 각종 중독과 탈선, 천박한 문화에 노출되고 과도한 감정표출이 만연되어 있습니다.
이렇게 무절제한 세상으로부터 아이를 지켜주소서.
아이에게 옳은 일을 선택하는 분별력을 주시고, 하지 말아야 하는 일을 제어하는 자제력을 허락해 주소서. 건강, 시간, 물질, 감정, 인간 관계, 영성 관리 모두 잘하게 하소서.
눈앞에 펼쳐진 작은 만족과 유혹을 참고 견디면, 언젠가 더 큰 보상이 돌아온다는 굳건한 믿음을 가지게 하소서.
자기 통제를 잘하여 승리의 면류관을 쓰게 하소서.
예수님의 이름으로 기도드립니다. 아멘.

남을 세워주는 사람이 되게 하소서

"끝으로 형제들아 무엇에든지 참되며 무엇에든지 경건하며 무엇에든지 옳으며 무엇에든지 정결하며 무엇에든지 사랑 받을 만하며 무엇에든지 칭찬 받을 만하며 무슨 덕이 있든지 무슨 기림이 있든지 이것들을 생각하라" 빌 4:8.

완전한 성품의 원형이신 하나님!
아이가 주님의 성품을 닮게 해주소서.
세상에서 비난과 실망의 소리에는 귀를 막고 하나님의 칭찬과 소망에는 귀를 열게 하소서.
언제든지 참된 것을 추구하고, 경건 생활을 힘쓰며, 정의로운 편을 선택하게 하소서.
세상에 살면서 자신을 정결하게 유지하며, 모든 사람에게 덕을 세우며, 사랑 받고 칭찬 받는 사람이 되게 해주소서.
항상 긍정적인 생각으로 가득하게 하소서.
이러한 생각이 아름다운 성품과 습관으로 자리 잡게 하소서.
그래서 항상 기뻐하며 감사하는 생활을 하게 하소서.
예수님의 이름으로 기도드립니다. 아멘.

하나님 앞에, 사람 앞에 겸손하게 하소서

"지극히 존귀하며 영원히 거하시며 거룩하다 이름하는 이가 이와 같이 말씀하시되 내가 높고 거룩한 곳에 있으며 또한 통회하고 마음이 겸손한 자와 함께 있나니 이는 겸손한 자의 영을 소생시키며 통회하는 자의 마음을 소생시키려 함이라"사 57:15.

겸손한 자에게 은혜를 베푸시는 하나님!
하나님은 거룩한 하늘의 보좌에 계시면서도, 회개하는 마음, 겸손한 자의 마음을 처소로 삼으신다고 하였사오니, 저희 아이의 마음이 주님이 거하시는 영원한 처소가 되게 하소서. 하나님의 근본 성품인 거룩함이 저희에게는 겸손함으로 나타나는 줄 믿사오니, 아이가 하나님을 향해 거룩하고, 하나님의 말씀 앞에 겸손하게 하소서. 사람이 교만하면 낮아지고 마음이 겸손하면 영예를 얻는다 하셨으니잠 29:23, 당하는 시련과 주어진 축복에 대해서도 겸손하게 하소서. 사소한 실수나 잘못도 하나님께 바로 아뢸 수 있는 겸비함을 주소서. 겸손은 다른 모든 경건한 성품으로 가는 길을 열어주는 줄 믿사오니, 자신의 능력과 성공에 대해서도 겸손하게 자신을 낮추고 하나님께 영광을 돌리게 하소서. 다른 사람들을 인정할 줄 알고 더불어 일할 줄 아는 넓은 아량과 포용력도 주소서. 온유하고 겸손하신 예수님을 본받아 사람들 앞에서도 겸손한 사람이 되게 하소서. 예수님의 이름으로 기도드립니다. 아멘.

가슴을 뜨겁게 하소서

"내가 나의 안수함으로 네 속에 있는 하나님의 은사를 다시 불일듯하게 하기 위하여 너로 생각하게 하노니" 딤후 1:6.

각양 좋은 선물을 주시는 하나님!
능력과 사랑과 절제하는 마음 위에 거룩한 열정으로 불타게 하소서.
아이가 하나님을 위하여, 나라와 민족을 위하여, 복음을 위하여, 하나님이 주신 꿈을 위하여 열정을 불태우게 하소서.
무엇이든 주어진 것을 당연하게 여기지 않게 하시고, 새로운 것을 기대하는 마음으로 열심을 내게 하소서.
무슨 일을 하든지 주님이 주시는 열정을 가지고 주께 하듯 하게 하소서.
자기가 하는 일을 좋아하게 하시고 자신의 능력을 최대한 발휘하여 잘하게 하소서.
언제든지 무엇이든지 배우려는 열정을 주셔서, 하나님이 주신 각양 은사들이 삶에서 골고루 계발되어 나타나게 하소서.
마음과 뜻과 정성을 다하여 주님을 섬기게 하소서.
예수님의 이름으로 기도드립니다. 아멘.

부드러운 마음을 주소서

"내가 그들에게 한 마음을 주고 그 속에 새 영을 주며 그 몸에서 돌 같은 마음을 제거하고 살처럼 부드러운 마음을 주어" 겔 11:19.

마음을 감동 감화시키시는 성령님!
아이에게 성령으로 역사하셔서 주님의 마음을 품게 하소서.
완악한 마음을 갖지 않게 하시고 항상 부드러운 마음으로 하나님의 말씀을 기쁘게 받아 순종함으로 열매 맺게 하소서.
다른 사람에 대해서도 열린 마음을 가지고 불쌍히 여기고 포용할 수 있는 넓은 아량을 갖게 하소서.
성령님의 음성에 민감하게 반응할 줄 알며, 성령님의 영감과 감동이 넘치는 삶을 살게 하소서.
내주하시는 성령님의 인도하심과 깨닫게 하심을 따라 순종함으로 성령 충만을 입게 하소서.
예수님의 이름으로 기도드립니다. 아멘.

진실하게 사랑하고 사랑 받게 하소서

"그 너비와 길이와 높이와 깊이가 어떠함을 깨달아 하나님의 모든 충만하신 것으로 너희에게 충만하게 하시기를 구하라" 엡 3:19.

무궁무진하신 신비로운 하나님!
아이에게 하나님의 사랑의 넓이와 길이와 높이와 깊이를 깨닫는 지식을 주소서.
하나님의 충만한 사랑이 아이에게 임하여 사랑이 넘치게 하시며 그 사랑 안에 믿음의 뿌리가 깊이 박히게 하소서.
하나님의 충만하신 사랑으로 자신을 사랑하고 남을 사랑하며, 그 놀라운 사랑을 생활에서 구체적으로 실천하는 사람이 되게 하소서.
날마다 자신 안에서 사랑이 더욱 풍성해져서, 더 많이 사랑하고, 더 오래 사랑하고, 더 넓게 사랑하고, 더 깊게 사랑하는 사람이 되게 하소서.
하나님께 사랑 받고, 많은 사람들에게 사랑 받는 사랑의 사람이 되게 하소서.
예수님의 이름으로 기도드립니다. 아멘.

하나님 말씀을 맡은 자의 책임을 다하게 하소서

"인자야 내가 너로 이스라엘 족속의 파수꾼으로 삼음이 이와 같으니라 그런즉 너는 내 입의 말을 듣고 나를 대신하여 그들에게 경고할지어다" 겔 33:7.

각 사람에게 맞는 달란트를 주시고 책임을 맡기시는 하나님!
아이가 하나님에 대한 책임, 이웃에 대한 책임을 잘 감당하는 사람이 되게 하소서. 하나님은 저희의 모든 것을 책임지시고 예수님도 그 책임을 나누시는 분임을 믿습니다.
수치심과 두려움 때문에 책임을 전가하거나, 다른 사람에게서 문제를 찾거나, 자신의 문제를 다른 사람의 잘못으로 돌리며 핑계하거나 변명하지 않게 하소서. 책임의식과 주인의식을 가지고 자신의 인생을 주도적으로 살게 하소서.
리더는 책임이 무거운 사람이며, 책임은 힘을 가져옴을 알게 하소서. 인생의 성패는 자신의 삶에 어떻게 책임을 지느냐에 달려 있음을 알게 하소서. 책임감을 가지고 나아갈 때 변화와 창조, 새로운 역사가 나타나게 하소서. 책임은 무거운 짐이 아니라 성공적인 인생을 위한 디딤돌임을 알게 하소서. 책임의식을 가지고 행동하면 다른 사람들도 긍정적으로 반응하게 하소서.
예수님의 이름으로 기도드립니다. 아멘.

하나님이 주시는 힘으로 섬기게 하소서

"각각 은사를 받은 대로 하나님의 여러 가지 은혜를 맡은 선한 청지기같이 서로 봉사하라" 벧전 4:10.

각양 귀한 은사를 베푸시는 하나님!
아이에게 하늘에 속한 신령한 은사를 내려주소서.
믿음, 지혜, 영감, 지도력, 분별력, 상상력, 가르침의 은사를 베풀어 주소서.
하나님의 은사를 맡은 선한 청지기처럼, 하나님의 뜻을 따라, 하나님의 이름으로, 하나님의 영광을 위하여 은사를 선하게 활용하게 하소서.
교회에 유익을 주고 다른 사람의 덕을 세우게 하소서.
하나님이 공급하신 힘으로 남을 돕고, 섬기고, 세워주게 하소서.
하나님께서 특별한 목적이 있으셔서 아이에게 허락하시는 재능과 은사들을 아이가 잘 분별하여 알 수 있게 하시고, 그 재능과 은사를 계발하여 하나님의 목적을 이루는 사람이 되게 하소서.
온갖 좋은 선물과 온전한 은사는 하늘의 아버지께로부터 임하오니, 하나님의 뜻에 합당하게 사용하게 하소서.
예수님의 이름으로 기도드립니다. 아멘.

교회 가는 것을 좋아하는 사람이 되게 하소서

"주께서 택하시고 가까이 오게 하사 주의 뜰에 살게 하신 사람은 복이 있나이다 우리가 주의 집 곧 주의 성전의 아름다움으로 만족하리이다" 시 65:4.

사람 안에 거처를 정하시는 하나님!
아이가 늘 주님을 주인으로 모시고 사는 것을 가장 큰 영광과 복으로 알게 하소서.
주님의 임재 안에 살 뿐 아니라 하나님의 집을 그리워하고, 하나님의 교회를 좋아하며, 신자들과 교제하는 것을 즐거워하게 하소서.
하나님의 교회에서 기둥 같은 인물이 되게 하시고, 교회 안의 활동을 좋아하게 하소서.
예배, 말씀, 찬송, 기도, 헌금, 양육, 봉사, 전도에 적극적으로 참여하게 하소서. 믿음이 성장하고 성숙하며, 삶이 변화하고 도약하게 하소서. 나눔과 섬김을 실천하여 하나님이 인정하시는 믿음생활을 하게 하소서.
하나님의 사람을 존중할 줄 알고, 권위에 순종할 줄 알며, 서로 사랑할 줄 알고, 모두를 포용하고 배려하는 마음으로 아름다운 믿음을 갖게 하소서.
예수님의 이름으로 기도드립니다. 아멘.

물질을 선용하는 사람이 되게 하소서

"심는 자에게 씨와 먹을 양식을 주시는 이가 너희 심을 것을 주사 풍성하게 하시고 너희 의의 열매를 더하게 하시리니" 고후 9:10.

인생에 필요한 모든 것을 공급하시는 하나님!
모든 것의 주인은 하나님이시니, 청지기 정신을 가지고 하나님의 것을 하나님의 뜻에 따라 활용하게 하소서.
하나님이 주신 재능, 재물, 시간을 잘 관리하는 충성스러운 청지기가 되게 하소서.
특별히 심을 씨와 먹을 양식을 주시는 하나님!
하나님의 사역을 위하여, 그리고 남을 구제하기 위하여 많은 것을 심게 하셔서 더 많은 것을 드릴 수 있는 풍성한 수확을 주시고, 세상에서 일용할 모든 양식도 부족함이 없게 풍족히 채워주소서.
선한 일을 위해 자원하여 기쁘게 물질을 베풀 수 있는 넉넉한 재정을 주소서. 하나님의 재정 원칙을 이해하고 하나님을 신뢰하고 하나님의 방식으로 살게 하소서.
세상에 있는 동안 영원을 위해 물질을 쓰게 하셔서 천국에서 부요한 사람이 되게 하소서.
모든 것에 항상 넉넉하여 모든 착한 일을 넘치게 해주소서.
예수님의 이름으로 기도드립니다. 아멘.

구제하는 것을 좋아하는 사람이 되게 하소서

"너는 반드시 그에게 줄 것이요, 줄 때에는 아끼는 마음을 품지 말 것이니라 이로 말미암아 네 하나님 여호와께서 네가 하는 모든 일과 네 손이 닿는 모든 일에 네게 복을 주시리라" 신 15:10.

어려운 자를 돌보시는 하나님!
세상에는 언제든 가난하고 어려운 사람들이 그치지 않습니다.
아이가 주님의 마음을 닮아 세상에서 소외되고 힘든 사람들을 불쌍히 여기고 마음과 물질을 나누어주는 사람이 되게 하소서.
베풀 수 있는 넉넉한 물질과 어려운 사람을 불쌍히 여기는 마음을 주셔서 마음껏 주님의 영광을 위해 도와주게 하소서.
아무리 많이 나누어도 나머지가 있는 나눔의 기적을 체험하게 하시고, 아무리 훌륭한 일을 하더라도 주님의 이름으로 하게 하소서.
모든 것이 주님께로부터 왔기 때문에 주님의 기쁘신 뜻을 따라 베풀게 하소서.
아이의 손길이 닿는 곳마다 생명의 역사가 일어나며, 경영하는 모든 일들이 형통하게 하소서.
하나님의 복을 받아 하나님이 만드시는 거부가 되게 하소서.
예수님의 이름으로 기도드립니다. 아멘.

모두와 화평한 관계를 맺게 하소서

"온전한 사람을 살피고 정직한 자를 볼지어다 모든 화평한 자의 미래는 평안이로다" 시 37:37.

평강의 하나님!
화평케 하는 자가 하나님의 아들이라 하셨으니, 사람과 사람 사이, 나라와 나라 사이, 사람과 하나님 사이에 평화를 만드는 사람이 되게 하소서.
하나님과 평화하고, 모든 사람으로 화목을 누리며, 자연과도 조화를 이루는 사람이 되게 하소서.
하나님 앞에 온전하고, 사람들 앞에 정직한 자가 되어 아이에게 주신 하나님의 기업이 영원하게 하소서 시 37:18.
종일 은혜를 베풀고 꾸어주어 자손이 복을 받게 하소서.
평생에 하나님께 복을 받아 평안을 누리게 하소서.
인생의 미래는 하나님께 있으니, 하나님께 확실한 미래를 보장받는 아이가 되게 하소서.
예수님의 이름으로 기도드립니다. 아멘.

평화를 위해 일하게 하소서

"화평하게 하는 자는 복이 있나니 그들이 하나님의 아들이라 일컬음을 받을 것임이요" 마 5:9.

화평의 하나님!
아이가 평화를 만드는 사람이 되게 하소서.
아이가 가는 곳마다 다툼과 분쟁과 미움이 그치고, 모든 지각에 뛰어난 하나님의 평강이 마음과 생각과 생활에 임하게 하소서.
아이의 말과 행동을 통하여 하나님의 사랑을 전하게 하시고, 사람들이 아이의 평화스러운 모습 속에서 평강의 하나님을 보게 하소서.
죄와 미움과 분쟁과 다툼과 시기와 어두움 가운데 평화의 빛을 비추게 하소서.
아이가 잘 때나 깰 때나 행할 때, 주님의 평안과 안전을 경험하게 하소서.
다른 사람들과 조화롭게 살아가고, 다른 사람들의 유익을 위해 노력하며, 평화를 위해 일하여 하나님의 자녀라고 인정 받을 수 있게 하소서.
예수님의 이름으로 기도드립니다. 아멘.

선한 양심을 가지고 살게 하소서

"너희 마음에 그리스도를 주로 삼아 거룩하게 하고 너희 속에 있는 소망에 관한 이유를 묻는 자에게는 대답할 것을 항상 준비하되 온유와 두려움으로 하고 선한 양심을 가지라" 벧전 3:15-16.

참된 소망을 주시는 하나님!
주님을 모시고 사는 아이의 생활이 주님의 임재 안에서 거룩하고, 말씀과 기도와 예배로 날마다 씻어 정결하게 하소서.
착한 양심을 가지고 선한 영향력을 펼치며 선량한 삶을 살게 하소서. 소망이 없는 세대에 참된 소망을 제시하고 자신도 소망이 넘치는 삶을 살게 하소서.
인류의 영원한 소망 되시는 주님을 증거하는 삶을 살게 하소서.
분명한 삶의 목적을 주셔서 언제라도 그 목적이 이끄는 삶을 살게 하소서.
열정이 있으면서도 절제할 줄 알며, 힘이 있으면서도 부드러운 온유함을 주소서.
두려움과 염려를 주님께 맡기고 담대한 믿음으로 활력 있는 삶을 살게 하소서. 하나님을 향한 선한 양심으로 깨어 기도하며 뜨겁게 사랑하게 하소서.
예수님의 이름으로 기도드립니다. 아멘.

거룩한 습관이 생기게 하소서

"이는 그가 주 앞에 큰 자가 되며 포도주나 독한 술을 마시지 아니하며 모태로부터 성령의 충만함을 받아"눅 1:15.

성령을 충만하게 부어주시는 하나님!
저희 아이가 세례 요한처럼 모태에서부터 성령 충만을 받게 해주소서.
아이의 출생이 저희뿐 아니라 많은 사람들에게 기쁨이 되게 하소서. 아이의 평생이 하나님께 드려져서 거룩하고 구별된 삶을 살게 하소서.
거룩한 습관이 생기게 하시고, 술이나 담배나 마약 같은 것에 노출되지 않게 하소서.
주님이 오실 길을 예비하여 사람들을 주님께 인도하는 삶을 살게 하소서.
아이의 선행과 빛 된 삶 때문에 많은 사람들이 주께 돌아오게 하소서. 온전한 심령과 강한 능력으로 사람들을 준비시키게 하소서.
주님의 말씀 앞에 큰 자가 되고 세상에서 존귀한 자가 되게 하소서. 시대를 일깨우며 세상을 변화시키는 위대한 삶을 살게 하소서.
예수님의 이름으로 기도드립니다. 아멘.

5장 • 아이의 승리하는 삶을 위한 기도

아직은 소중한 것들이 남아 있다
송용구

낮에는 보이지 않던 별들이
가장 어두운 시간에
저마다 눈 맑은 별빛을 낳듯이

이 세상 모든 민들레들은
남몰래 하나씩의
착한 씨앗을 낳는다.

민들레의 땀과 눈물로
길러왔던 향기가
씨앗을 넉넉히 품어주어

이 세상 모든 민들레들은
제 눈과 귀를 꼭 닮은
새 순 하나씩을 기른다.

흙에서 육신이 썩어가도
그들의 꿈만은
썩지 않고 살아남아

아직은 여리디 여린
제 아이들의 발목을
샘물처럼 적셔준다.

영적 싸움의 승리자가 되게 하소서

"여호와의 천사가 주를 경외하는 자를 둘러 진 치고 그들을 건지시는도다" 시 34:7.

영원한 피난처 되신 하나님!
아이가 자신의 지혜나 경험이나 의지나 능력을 의지하지 않게 하시고, 오직 둘러 진 치고 건지시는 하나님만 의지하게 하소서. 하나님께 피하여 하나님의 선하심을 맛보게 하소서.
영적 싸움의 승리자가 되기 위하여 하나님의 전신갑주로 무장하게 하소서. 구원의 투구와 성령의 검을 가지고, 진리의 허리띠를 띠고, 의의 흉배를 붙이고, 복음의 신을 신고, 믿음의 방패를 가지고, 기도로 싸우게 하소서 엡 6:10-18.
보이지 않는 영적인 싸움이 보이는 세계의 싸움의 승패를 결정한다는 확신으로, 말씀과 기도와 성령으로 믿음의 선한 싸움을 싸우게 하소서.
저희가 든 기도의 깃발이 아이의 미래에 큰 힘이 되어 승리의 깃발이 되게 하소서.
예수님의 이름으로 기도드립니다. 아멘.

어려움을 능히 이길 힘을 주소서

"내가 주를 의뢰하고 적군을 향하여 달리며 내 하나님을 의지하고 담을 뛰어넘나이다" 시 18:29.

저희의 힘이 되신 여호와 하나님!
지금까지 일마다 때마다 도움을 주시고, 피할 길을 열어주신 것을 감사드립니다. 세상에는 저희의 힘으로 감당할 수 없는 대적들과 어려움이 있습니다.
그러나 주님을 의지하는 저희와 아이에게 담대함과 능력을 주셔서, 주님을 의뢰하는 믿음으로 적군을 향하여 달려가 승리를 얻으며 하나님을 의지하는 믿음으로 장애의 담을 능히 뛰어넘게 하소서.
아이를 모든 난관으로부터 건져주시고, 인생의 깊이와 폭을 넓게 하소서.
삶의 지경이 세계로 확장되고, 세상의 위대한 자들의 반열에 서게 하소서. 세계 가운데 으뜸으로 세워주시고 알지 못하던 사람들이 섬기게 하소서 시 18:43.
하나님의 구원과 보호와 권력이 저희와 아이와 후손에게 나타나게 하소서.
예수님의 이름으로 기도드립니다. 아멘.

세상의 죄를 이기게 하소서

"그런즉 사랑하는 자들아 이 약속을 가진 우리는 하나님을 두려워하는 가운데서 거룩함을 온전히 이루어 육과 영의 온갖 더러운 것에서 자신을 깨끗하게 하자"고후 7:1.

거룩하신 하나님!
하나님의 아름다운 섭리 가운데 태어나는 이 아이가 세상에 물들지 않게 하소서.
거룩하신 하나님 아버지처럼 아이도 거룩한 자녀가 되게 하소서.
평생 하나님을 경외하며 말이나 생각이나 행동에서 거룩한 삶을 살게 하소서.
몸과 마음과 영혼이 세상의 더러운 것에 오염되지 않게 하시고, 언제나 거룩한 말씀으로 자신을 돌아보아 깨끗한 삶을 살게 하소서.
세상에 있지만 세상에 속하지 않게 하시고 온전히 빛의 자녀로 살게 하소서.
주님을 찬양하는 입술로 하나님이 기뻐하지 않으시는 말을 하지 않게 하시고, 아이의 육체가 하나님이 거하시는 거룩한 성전이 되게 하소서.
아이를 부르신 하나님처럼 아이도 거룩하게 하소서벧전 1:15.
예수님의 이름으로 기도드립니다. 아멘.

선한 싸움을 잘 싸우고 승리자가 되게 하소서

"그런즉 서서 진리로 너희 허리띠를 띠고 의의 호심경을 붙이고 평안의 복음이 준비한 것으로 신을 신고 모든 것 위에 믿음의 방패를 가지고 이로써 능히 악한 자의 모든 불화살을 소멸하고 구원의 투구와 성령의 검 곧 하나님의 말씀을 가지라" 엡 6:14-17.

승리자의 삶을 살게 하시는 하나님!
아이에게 큰 믿음을 주셔서 영적 싸움에서 승리자가 되게 하소서. 마귀와 세상과 육신으로부터 오는 대적들을 물리치게 하소서. 승리자가 되기 위하여 하나님이 주신 무기들을 잘 활용하게 하소서. 진리로 허리띠를 띠고 어느 곳이든지 말씀 가운데 행하게 하소서. 그리스도의 보혈로 주신 의로움의 흉배를 가슴에 자랑스럽게 달게 하소서. 어디를 가든지 발걸음을 평안의 복음으로 예비하셔서 하나님의 복과 평강이 임하게 하소서. 의심과 유혹과 비난의 화살을 막아주는 믿음의 방패도 가지게 하소서.
머리에는 구원의 투구를 쓰고 오른손에는 성령의 검을 들고 싸우게 하소서. 아이가 하나님의 전신갑주를 입고 담대히 나가게 하소서. 아이가 영적 싸움뿐 아니라 세상에서도 승리자가 되게 하소서. 하나님 앞에 이름을 남긴 위대한 승리자들 가운데 한 사람이 되게 하소서.
예수님의 이름으로 기도드립니다. 아멘.

믿음으로 승리하는 삶을 살게 하소서

"너희의 믿음의 역사와 사랑의 수고와 우리 주 예수 그리스도에 대한 소망의 인내를 우리 하나님 아버지 앞에서 끊임없이 기억함이니" 살전 1:3.

기도를 들으시는 하나님!
아이가 믿음, 소망, 사랑, 이 세 가지를 언제나 가지고 평생을 살게 하소서.
믿음을 가지되 무엇이든 믿음으로 하여 믿음의 역사가 많이 일어나게 하소서.
소망을 가지고 살되 인내함으로 마침내 소망을 이루게 하소서.
많은 사람을 사랑하되 사랑의 수고를 감내할 수 있는 사람이 되게 하소서.
믿음에는 역사, 사랑에는 수고, 소망에는 인내가 따르게 하소서.
아이의 이러한 모습이 많은 사람들에게 깊은 감동을 주게 하시고, 하나님과 교회 앞에도 영원히 기억되게 하소서.
이러한 모습이 모든 믿는 자들의 본이 될 뿐 아니라 잘 믿는다는 소문이 사람들에게 알려져서 하나님께 영광을 돌리게 하소서.
예수님의 이름으로 기도드립니다. 아멘.

승리자로서 생명나무의 열매를 먹게 하소서

"귀 있는 자는 성령이 교회들에게 하시는 말씀을 들을지어다 이기는 그에게는 내가 하나님의 낙원에 있는 생명나무의 열매를 주어 먹게 하리라" 계 2:7.

일곱 별을 붙잡고 일곱 금촛대 사이를 거니시는 주님!
아이가 믿음의 선한 싸움에서 승리자가 되어 생명나무의 열매를 먹게 하소서. 주님께 오직 충성하여 감추었던 만나를 먹고, 흰 돌에 새 이름을 새기게 하소서.
처음보다 더 사랑하고 더 열심을 내어 나중이 점점 더 나아지게 하시고, 사역과 사랑과 믿음과 섬김과 인내를 통하여 하나님의 영광을 드러냄으로 하나님을 기쁘시게 하고, 만국을 다스리는 권세를 얻게 하소서.
보혈의 은총과 믿음의 행위의 온전함으로 흰 옷을 입고 주님 앞에 서게 하소서. 하나님이 주신 능력을 행사하며 인내함으로 성전의 기둥이 되게 하소서.
이 세상의 것으로 소망을 삼지 않고 하나님 나라에 소망을 두며 언제나 주님을 모시고 동행함으로 주님이 주시는 상을 소망하며 살게 하소서 계 22:12.
예수님의 이름으로 기도드립니다. 아멘.

어려움에 낙심하지 말고 기도로 승리하게 하소서

"여호와께서 자기를 위하여 경건한 자를 택하신 줄 너희가 알지어다 내가 그를 부를 때에 여호와께서 들으시리로다" 시 4:3.

어려움 가운데 도움이 되시는 하나님!
아이가 인생을 살면서 혹시 당할지도 모르는 어려움 가운데 하나님께 부르짖게 하소서.
그 일을 통하여 살아계신 하나님을 체험하고 오히려 새로운 기회를 얻게 하소서.
택하신 자들을 위해 일하시는 하나님의 크고 위대한 일들을 보게 하소서.
하나님의 온전한 사랑과 택하심을 알게 하시고, 하나님을 찾는 자들을 도우시는 손길을 경험하게 하소서.
아이가 주님의 것이오니, 안전을 보장해 주소서.
항상 눈동자와 같이 지켜주셔서 악한 자들의 공격으로부터 보호하소서.
하나님의 영광을 위해 경건하고 의로운 심령을 붙들어 주소서.
언제나 자신이 하나님과 저희에게 용납됨을 알게 하소서.
삶의 모든 영역에서 하나님을 주인으로 모시게 하소서.
예수님의 이름으로 기도드립니다. 아멘.

믿음으로 두려움을 이기게 하소서

"오직 자기의 하나님을 아는 백성은 강하여 용맹을 떨치리라" 단 11:32.

용기를 북돋아 주시는 하나님!
저희 아이가 세상을 살 동안 의로운 용기를 가지고 살게 하소서.
용기는 하나님에 대한 믿음과 옳은 것에 대한 신념에서 오는 줄 믿사오니, 아이가 하나님과의 긴밀한 관계에서 자신감과 안정감을 얻게 하소서.
하나님의 마음을 먼저 깨달아 알게 해주시고, 하나님의 뜻을 이루는 데 강하고 담대한 마음을 주소서.
하나님의 의를 이루기 위해서는 세상이 감당할 수 없는 의로운 용기를 주소서.
주님을 믿는 믿음으로 자신감 넘치는 삶을 살아 승리자가 되게 하소서.
자기의 의견을 당당하게 밝힐 줄 아는 사람이 되게 하시고, 자신의 소신에 따라 행동할 수 있는 담력도 주소서.
언제나 하나님이 함께하신다는 확신을 가지고 용감하게 나아가게 하소서.
예수님의 이름으로 기도드립니다. 아멘.

성령님의 격려로 용기를 주소서

"강하고 담대하라 너는 내가 그들의 조상에게 맹세하여 그들에게 주리라 한 땅을 이 백성에게 차지하게 하리라" 수 1:6.

강하고 담대한 마음을 주시는 하나님!
아이가 두려움을 무릅쓰고 바른 일, 정의로운 일을 선택하는 용기를 주소서.
자신이 잘못한 것은 솔직하게 인정하는 용기를 주시고, 사람들 앞에서 하나님을 담대히 시인하는 용기도 주소서.
하나님의 뜻이 아니면 "아니오"라고 말할 수 있는 담대함을 주시고, 하나님이 함께하신다는 믿음으로 강하고 담대하게 나아가게 하소서.
하나님의 약속과 섭리에 대한 확신 가운데 도전에 맞설 수 있는 용기를 주소서.
하나님이 주신 사명을 이루기 위해 강하고 담대하게 하소서.
아이의 성품과 덕목에 용기로 힘을 불어넣어 주소서.
하나님의 말씀을 믿고 담대하게 나아가 승리를 얻게 하소서.
예수님의 이름으로 기도드립니다. 아멘.

하나님의 선택받은 자녀로서 담대히 살게 하소서

"너를 만들고 너를 모태에서부터 지어낸 너를 도와줄 여호와가 이같이 말하노라 나의 종 야곱, 내가 택한 여수룬아 두려워하지 말라" 사 44:2.

평생에 도움이 되시는 하나님!
이미 전에 작정하시고 저희를 택하여 아이를 보내신 하나님의 놀라운 섭리를 찬양합니다.
아이의 형체가 이루어지기 전부터 주님은 아이를 아시고 도우시며, 아이가 숨쉬기 전부터 매일의 삶을 계획해 놓으셨습니다 시 139:16. 아이의 생명은 하나님의 것이오니, 아이가 담대하게 승리하며 살게 하소서.
시냇가에 심은 나무처럼 무성하게 가지를 펴고 풍성한 열매를 맺게 하소서. 성령을 아이에게 충만하게 부어주셔서 능력의 사람이 되게 하소서.
세상에서 복의 통로가 되게 하시고, 사람들 가운데 존귀한 자가 되게 하소서.
온 세상이 아이가 하나님께 속해 있음을 알게 하시고, 하나님께 영광이 되게 하소서.
하나님께서 일마다 때마다 도와주셔서 모든 사람 위에 뛰어나게 하소서.
예수님의 이름으로 기도드립니다. 아멘.

위대한 인물이 되게 하소서

"네가 가는 모든 곳에서 내가 너와 함께 있어 네 모든 원수를 네 앞에서 멸하였은즉 땅에서 위대한 자들의 이름같이 네 이름을 위대하게 만들어 주리라" 삼하 7:9.

사람을 세우시는 하나님!
언제 어느 곳에서나 아이와 함께하셔서 하나님의 임재에 충만한 삶을 살게 하소서. 하나님과 동행함으로 형통하게 하시고, 모든 대적들을 능히 이기게 하소서.
아이가 밟는 땅이 거룩한 땅이 되게 하시고, 거하는 곳이 존귀한 자리가 되게 하소서.
세상에 아름다운 이름을 남긴 사람들처럼, 하나님과 사람 앞에 명예로운 삶을 살게 하소서.
어린 목동으로 이스라엘의 임금을 삼은 다윗처럼 아이를 위대하게 만들어 주소서.
하나님 마음에 합하고 하나님이 기뻐하시는 자가 되게 하소서.
아이가 하나님을 위하여 견고한 집을 세우게 하시고, 아이의 가정이 하나님의 말씀 위에 굳건히 서게 하소서.
우연 같은 일에서 기회를 주시고, 작은 일에서 큰일을 이루어 주소서.
예수님의 이름으로 기도드립니다. 아멘.

하나님의 동역자로서 역사를 만들어가게 하소서

"하나님이 그들에게 복을 주시며 하나님이 그들에게 이르시되 생육하고 번성하여 땅에 충만하라, 땅을 정복하라, 바다의 물고기와 하늘의 새와 땅에 움직이는 모든 생물을 다스리라 하시니라" 창 1:28.

천지를 창조하신 하나님!
하나님은 이 세상을 만드실 때 하루하루 하나님이 정하신 생각에 맞추셨습니다. 인간을 가장 마지막에 만드신 이유는 그만큼 인간이 귀중한 존재이기 때문이라 믿습니다.
하나님의 형상을 따라 인간을 만드셨으니, 아이가 하나님의 영광을 드러내게 하소서.
믿음의 소중한 가정 안에 주신 아이는 영광스러운 하나님의 작품입니다. 하나님의 창조물을 다스리라는 말씀은 단순히 창조물을 통치하고 이용하라는 의미가 아니라, 창조물의 파트너로서 청지기와 제사장의 역할을 잘 감당하라는 말씀인 줄 믿습니다.
저희에게 주신 창조적 능력으로 창조물을 잘 보존하고 가꾸어 많은 사람들과 나누게 하소서. 아이가 창조주 하나님의 형상을 본받아 만물의 영장으로 살아가게 하시고, 새로운 일을 창조하시는 하나님의 동역자로서 역사를 만들어가게 하소서.
하늘의 신령한 복과 땅에서 생육하고 번성하는 복을 받게 하소서.
예수님의 이름으로 기도드립니다. 아멘.

열방에 선한 영향력을 끼치게 하소서

"이는 네가 좌우로 퍼지며 네 자손은 열방을 얻으며 황폐한 성읍들을 사람 살 곳이 되게 할 것임이라" 사 54:3.

세상에서 하나님 나라의 역군을 부르시는 하나님!
아이가 영적으로 열방에 선한 영향력을 끼치는 사람이 되게 하소서.
하나님이 거하시는 장막터를 넓히며, 처소의 휘장을 넓게 펴게 하시며, 줄을 길게 하고 견고한 반석 위에 주님의 집을 세우게 하소서.
아이의 거할 장소를 넓게 하셔서 영적인 후손들이 세계에 이르고, 황폐한 성읍들과 죽어가는 사람들을 소생케 하는 생명의 역사를 이루게 하소서.
이 말씀과 기도가 무엇을 통해 이루어질지 저희는 잘 알지 못하지만 하나님 나라가 확장되고 영혼들을 구원하기 위하여 아이의 재능과 물질과 인생을 사용해 주소서.
아이의 출생이 온 인류에 복이 되게 하소서.
예수님의 이름으로 기도드립니다. 아멘.

아이의 평생 동안 평안을 주소서

"네 시대에 평안함이 있으며 구원과 지혜와 지식이 풍성할 것이니 여호와를 경외함이 네 보배니라" 사 33:6.

저희의 팔이 되시며 환난 때에 구원이 되시는 평강의 하나님!
아침마다 주를 앙망하오니 아이에게 은혜를 베푸소서.
아이의 평생 동안 주님이 공급하시는 평안을 누리게 하소서.
아이가 하나님을 공경하고 때로는 두려워함으로 지혜의 마음을 얻게 하시고, 하나님을 믿고 하나님의 뜻대로 사는 것을 최고의 보화로 여기게 하소서.
진실로 영생의 소망을 주신 하나님을 소중히 알며, 헛된 것들에 시간과 재능과 물질을 허비하지 않도록 도와주소서.
인생에서 가장 소중한 것들은 하나님께로부터 오는 것을 알게 하시고, 자신의 노력으로가 아니라 하나님이 위에서 부으시는 은혜를 기대하며 구원의 확신을 가지고 주님을 경외하는 보배로운 삶을 살게 하소서.
예수님의 이름으로 기도드립니다. 아멘.

아이 인생의 목자가 되어주소서

"여호와는 나의 목자시니 내게 부족함이 없으리로다" 시 23:1.

인생의 목자가 되시는 하나님!
아이가 평생 주님을 목자로 삼고 살게 하소서.
주님이 목자가 되어주시면 아무 부족할 것이 없음을 믿습니다.
하나님의 보호를 받으며, 하나님의 인도를 받게 하소서.
주 안에서 참된 안식을 누리며 날마다 영혼이 새로워짐을 경험하게 하소서.
험한 세상에서도 주님이 목자가 되어주셔서 막아주시고 지켜주시면, 어떤 위험이나 염려도 없을 줄 믿습니다.
주님이 부으시는 복이 차고 넘쳐서 많은 사람들에게 흘러가게 하소서.
세상의 것이나 자신의 것을 의지하지 않고 주님만 의지하는 사람이 되게 하소서.
아이의 평생에 주님의 선하심과 인자하심이 항상 함께하시고, 날마다 주님의 임재 안에서 평안히 살게 하소서.
예수님의 이름으로 기도드립니다. 아멘.

주의 선하심과 인자하심이 날마다 함께하소서

"내 평생에 선하심과 인자하심이 반드시 나를 따르리니 내가 여호와의 집에 영원히 살리로다" 시 23:6.

선하심과 인자하심이 풍성하신 하나님!
아이가 주님의 집에 거하면서 주님의 선하심과 인자하심을 누리게 하소서.
주님을 목자로 삼고 살아가는 삶이 아무 부족함이 없게 하소서.
푸른 초장, 쉴 만한 물가로 인도하소서.
언제나 말씀을 묵상하며 즐거워하게 하소서.
주님의 지팡이와 막대기로 보호하시고 안위하소서.
주님의 선하심을 본받아 이웃들에게 선행을 베풀며, 주님의 인자하심을 따라 사람들에게 자비를 베풀게 하소서.
아이가 언제나 주님과 동행하게 하시고 주님의 임재를 사모하게 하소서.
세상에서 거할 처소를 찾으시는 하나님!
아이에게 영원한 처소를 두소서.
예수님의 이름으로 기도드립니다. 아멘.

저희에게처럼 아이에게도 좋은 친구가 되소서

"너희는 내가 명하는 대로 행하면 곧 나의 친구라" 요 15:14.

죄짐을 맡아주신 가장 좋은 친구 되신 주님!
아이가 예수님의 말씀을 따라 행하며 예수님의 친구가 되게 하소서. 아이가 예수님 안에 거하며 풍성한 열매를 맺게 하소서.
예수님의 사랑 안에서 말씀으로 아이의 말과 행실을 깨끗하게 하시고, 예수님의 말씀에 절대 순종하여 하나님께 큰 영광을 돌리게 하소서.
예수님의 이름으로 기도하여 그 이름에 약속되어 있는 응답을 받게 하소서.
예수님을 날마다 가까이하며 친밀하게 모시며 은혜 안에서 강건하게 하소서.
예수님이 보내신 진리의 성령님을 통하여 하나님의 뜻을 다 알게 하소서.
하나님께서 아브라함과 모세를 친구라고 부르셨던 것처럼, 아이도 주님의 친구라고 불림을 받을 수 있게 하소서.
말씀과 기도와 사랑 안에서 주님과의 우정을 평생 동안 아름답게 가꾸어가게 하소서.
예수님의 이름으로 기도드립니다. 아멘.

하나님의 사랑 안에 거하게 하소서

"하나님이 우리를 사랑하시는 사랑을 우리가 알고 믿었노니 하나님은 사랑이시라 사랑 안에 거하는 자는 하나님 안에 거하고 하나님도 그의 안에 거하시느니라" 요일 4:16.

사랑의 실체이신 하나님!
사랑하는 자는 하나님으로부터 나서 하나님을 안다 하셨으니, 저희가 진심으로 서로 사랑하며 살게 하소서.
먼저 하나님의 사랑을 저희에게 충만히 부어주셔서 진정한 사랑을 알게 하소서.
저희를 사랑하사 독생자를 주신 하나님을 알고 믿고 사랑하게 하시고, 하나님을 사랑하는 그 사랑으로 사람들에게 사랑을 베풀게 하소서. 아이가 지혜롭고 적절하게 사랑을 표현하는 사람이 되게 하시고, 사랑하면서 자신의 세계가 넓어지는 것을 경험하게 하소서.
의지적으로 사랑하고, 언제나 사랑을 선택하게 하소서.
어디에 가든지 사랑 받는 사람이 되게 하시고, 자신도 바르게 사랑할 수 있는 건강한 자화상을 갖게 하소서.
예수님의 이름으로 기도드립니다. 아멘.

하나님의 안목에서 삶을 보게 하소서

"하나님이 큰 구원으로 당신들의 생명을 보존하고 당신들의 후손을 세상에 두시려고 나를 당신들보다 먼저 보내셨나니" 창 45:7.

멀리 내다보시고 일을 확정하시는 하나님!
하나님은 일을 행하실 때 단지 한 세대만 보지 않으시는 것을 압니다. 한 사람의 생애에도 많은 과정을 거쳐 하나님의 뜻을 이루어 가시고, 한 세대에서 다음 세대로 하나님의 일을 이어 이루시도록 섭리하십니다.
하나님은 단지 하나의 세대에 이야기하고 끝을 내는 분이 아니십니다.
저희의 시작과 끝을 아시고, 아이의 시작과 끝도 아십니다.
하나의 세대가 하나님의 사명을 마치고 하나님 나라로 들어가면, 그 다음 세대의 사람들을 통하여 하나님의 역사는 계속됩니다. 저희 아이가 하나님의 구원의 역사를 이어가는 거룩한 반열에 서게 하소서.
아이가 신실하여 어려운 순간에도 요셉처럼 하나님의 섭리를 생각하게 하소서.
하나님의 섭리를 믿으며 자신의 사명을 잘 감당하게 하소서.
예수님의 이름으로 기도드립니다. 아멘.

성장하고, 성숙하며, 변화하게 하소서

"이 모든 일에 전심전력하여 너의 성숙함을 모든 사람에게 나타나게 하라" 딤전 4:15.

믿음 안에서 장성한 사람이 되기를 원하시는 하나님!
아이가 믿음의 말씀과 좋은 교훈으로 양육을 받아 그리스도의 참된 일꾼이 되게 하소서.
허탄한 일을 버리고 경건의 훈련을 함으로써, 밖으로 성장하고 안으로 성숙하게 하소서.
살아계신 하나님께 절대적인 소망을 두고 긍정적인 삶의 태도를 가지게 하소서.
모든 일에 마음과 힘을 다하여 최선의 결과를 얻게 하소서.
아이가 말과 행실과 사랑과 믿음과 정절에서 믿는 자들의 본이 되게 하소서.
말씀을 읽고 기도하는 것, 사람들을 칭찬하고 격려하며 권면하는 것, 하나님이 주신 은사를 행하는 일 모두 부지런히 하게 하소서.
신앙 인격이 성숙되어 온전한 주님의 형상을 이루게 하소서.
디모데처럼 예수님의 좋은 일꾼이 되게 하소서.
예수님의 이름으로 기도드립니다. 아멘.

자신의 달란트를 잘 활용하게 하소서

"그 주인이 이르되 잘하였도다 착하고 충성된 종아 네가 적은 일에 충성하였으매 내가 많은 것을 네게 맡기리니 네 주인의 즐거움에 참여할지어다" 마 25:21.

귀한 것을 맡기시고 결산하시는 하나님!
아이가 하나님이 주신 것들을 결산할 것을 생각하며 살게 하시고, 그 나라가 임했을 때 "잘하였도다 착하고 충성된 종아!"라는 칭찬을 듣게 하소서. 하나님과의 바른 관계 안에서 주님이 맡기신 것을 대하는 태도와 생각과 성품이 남다르게 하소서.
자신을 위해서만 소유하지 않고 소통함으로 하나님과 이웃에게 열린 삶을 살게 하소서. 맡기신 하나님에 대한 신뢰와 자신에 대한 믿음을 가지고 도전하며 성장하게 하소서.
이 세상에서 시간, 물질, 재능, 건강, 지위 모두 유효기간이 있는 것을 알게 하시고, 영원한 가치를 더 소중하게 여기는 지혜를 주소서. 주님께 복을 달라고 기도하기보다 주님이 복을 주시는 일을 하게 하소서.
자신에게 주어진 작은 기회는 큰일로 통함을 알게 하시고, 자신에게 주어진 달란트를 잘 계발하여 주님의 뜻을 따라 쓰게 하소서. 주님의 즐거움에 참여하는 영광을 주소서.
예수님의 이름으로 기도드립니다. 아멘.

마음의 소원을 이루어 주소서

"네 마음의 소원대로 허락하시고 네 모든 계획을 이루어 주시기를 원하노라" 시 20:4.

하나님의 뜻을 마음의 소원으로 두고 행하게 하시는 주님!
아이를 향하신 하나님의 목적이 곧 아이의 간절한 소원이 되게 하소서.
하나님의 계획과 아이의 비전이 일치되게 하소서.
아이의 행사가 하나님의 뜻 가운데 이루어지게 하소서.
하늘에서 도와주시고 땅에서 붙들어 주소서.
환난 날에 보호하시고, 아이를 높여주시며, 소원을 허락하소서.
하나님의 이름으로 승리하는 삶을 살아 하나님께 영광을 돌리게 하소서.
아이의 묵상과 예배와 찬양을 받아주시며, 한평생 하나님의 이름을 많은 사람들 앞에서 소리 높여 자랑하게 하소서.
하나님의 뜻을 이루도록 건강과 지혜와 영력과 성령의 충만을 부어주소서.
예수님의 이름으로 기도드립니다. 아멘.

아이가 하나님 앞에 자랑의 면류관이 되게 하소서

"내가 너희를 생각할 때마다 나의 하나님께 감사하며" 빌 1:3.

모든 감사와 찬양을 받으시기에 합당하신 하나님!
지금 아이에 대한 저희의 감사기도가 언제나 계속되게 하소서.
아이를 생각할 때마다 가슴에 벅찬 감동을 주시고 기쁨으로 간구할 수 있게 하소서.
하나님 안에서 잘하고 있는 아이를 생각하면서 사랑이 저절로 넘치게 하소서.
아이가 저희 삶의 커다란 보람과 자랑과 면류관이 되게 하시고, 아이를 통하여 주님께 크신 영광을 돌리게 하소서.
사람들도 아이를 통해 주신 놀라운 은혜를 하나님께 감사하게 하소서.
아이가 하나님의 아름답고 신비로운 은총을 드러내는 사람이 되게 하소서.
아이 안에 착한 일을 시작하신 하나님이 이루실 것을 믿고 감사드립니다.
예수님의 이름으로 기도드립니다. 아멘.

나의 기도

3부
출산을 준비하며 드리는 기도

아이가 받을 선물을 위한 기도

순산을 위한 기도

이제 아이의 출산을 앞두고 두려운 마음도 있지만 지금까지 인도하신 주님이 저희와 함께하심을 믿습니다. 마음에 강한 확신을 주시고 주님이 주시는 평안을 주소서. 생명을 잉태하기 위해 어둠의 골짜기를 통과할 때도 함께하소서. 그 어둠의 터널 끝을 생명의 찬란한 아침의 소망 중에 바라보게 하소서.

1장 • 아이가 받을 선물을 위한 기도

꿈 랭스턴 휴즈

꿈을 꽉 붙잡으렴.
꿈이 사라지면
너의 인생은
날개 부러진 새와 같아
하늘을 날 수 없을 거야.

꿈을 꽉 붙잡으렴.
꿈이 흩어지면
너의 인생은
눈으로 꽁꽁 얼어붙은
메마른 들판 같을 거야.

때를 따라 온전히 선물을 내리소서

"온갖 좋은 은사와 온전한 선물이 다 위로부터 빛들의 아버지께로부터 내려오나니 그는 변함도 없으시고 회전하는 그림자도 없으시니라" 약 1:17.

항상 가장 좋은 것을 주시는 하나님!
아이가 땅이나 사람들을 바라보고 살지 않고 하늘의 하나님을 바라보며 살게 하소서. 위엣것을 구하며 위로부터 내리시는 은혜를 힘입어 살게 하소서.
아이가 하나님께로부터 오는 것과 세상에서 오는 것을 잘 구별하게 하시고, 무엇보다도 하나님 아버지를 기대하게 하소서.
세상 욕심에 이끌려 미혹되거나 시험을 당하거나 죄를 범하지 않게 하소서.
하나님이 주시는 선물은 완벽하여 아무 부족함이 없는 가장 존귀한 것인 줄 믿사오니, 때를 따라 돕는 은혜로 각양 은사를 내려주소서.
하나님의 약속은 영원히 변함이 없사오니, 아이가 진리의 말씀을 따라 하나님 자녀 됨의 복을 온전히 누리게 하소서.
예수님의 이름으로 기도드립니다. 아멘.

아이가 하나님의 축복의 통로가 되게 하소서

"내 영혼이 주를 찬양하며 내 마음이 하나님 내 구주를 기뻐하였음은 그의 여종의 비천함을 돌보셨음이라 보라 이제 후로는 만세에 나를 복이 있다 일컬으리로다" 눅 1:46-48.

아주 특별한 선물을 주시는 하나님!
오래전부터 계획하신 귀한 자녀를 저희에게 주심을 감사드립니다. 세상의 모든 말로도 주님의 은혜를 다 찬양할 길이 없습니다. 저희의 희생과 수고가 아이의 삶을 통해서 꽃 피고 열매 맺게 하소서.
이 아이를 통해 이루실 하나님의 위대한 뜻을 지금은 다 헤아릴 수 없지만 소망 가운데 믿음으로 선포하며 찬양합니다.
아이를 통해 열방에 하나님의 크신 뜻을 이루소서.
아이가 하나님의 복을 나누어주는 축복의 통로가 되게 하소서.
아이 때문에 저희의 삶이 더욱 의미 있고 복되게 하소서.
아이가 세상을 밝히고 살맛 나는 세상을 만들게 하소서.
하나님의 역사에 길이 기억되는 귀한 사람이 되게 하소서.
예수님의 이름으로 기도드립니다. 아멘.

이 아이로 모든 사람이 복을 받게 하소서

"내가 너로 큰 민족을 이루고 네게 복을 주어 네 이름을 창대하게 하리니 너는 복이 될지라" 창 12:2.

복 주시기를 기뻐하시는 하나님!
이 아이가 아브라함처럼 새로운 역사를 열고
많은 사람에게 복 받는 길을 여는 축복의 통로가 되게 하소서.
많은 사람 위에 뛰어난 이름을 주시고 복된 가문을 이루며, 나날이 번성하고 잘되는 복을 받게 하소서.
아이가 하나님께 복 받은 사람이라고 칭함을 받게 하소서.
아이를 축복하는 사람에게는 복이 임하게 하시고, 아이를 대적하는 사람에게는 하나님이 상대해 주소서.
하나님이 아이와 함께하심을 세상으로 알게 하소서.
이 땅의 모든 사람이 아이로 말미암아 복을 받게 하소서.
예수님의 이름으로 기도드립니다. 아멘.

하늘에 속한 복을 받게 하소서

"찬송하리로다 하나님 곧 우리 주 예수 그리스도의 아버지께서 그리스도 안에서 하늘에 속한 모든 신령한 복을 우리에게 주시되" 엡 1:3.

예정하시고 구원하시는 하나님!
창세 전부터 그리스도 안에서 저희를 택하시고 자녀 삼아 주심을 감사드립니다.
저희로 영광의 찬송이 되게 하시려고 많은 복을 주심도 감사드립니다.
이 아이가 하늘에 속한 신령한 복을 받게 하소서.
온갖 아름다운 것들은 하나님께로부터 임하는 것을 믿사오니, 흐르는 강물처럼 위로부터 부으시는 복을 받게 하소서.
아이의 평생에 하늘의 은혜와 평강, 그리고 땅의 기름진 복이 넘치게 하소서.
복을 받을 뿐 아니라 세상에 복을 소통하는 축복의 통로가 되게 하소서.
자신이 하는 일에 복을 달라고 기도하기보다 복 받을 일을 많이 하게 하소서.
자신을 위해 복을 쌓기보다 받은 복을 나누게 하소서.
예수님의 이름으로 기도드립니다. 아멘.

아이에게 좋은 선물을 주게 하소서

"집에 들어가 아기와 그의 어머니 마리아가 함께 있는 것을 보고 엎드려 아기께 경배하고 보배합을 열어 황금과 유향과 몰약을 예물로 드리니라" 마 2:11.

저희에게 최상의 것을 주시는 하나님!
아기 예수께 선물을 드린 동방박사들처럼, 저희 부부와 아기는 저희의 마음을 예수님께 선물로 드립니다.
모든 아이는 하나님이 주시는 소중한 선물이라 했습니다.
저희 가정에 선물로 주신 아기를 감사한 마음으로 받습니다.
아이에게 줄 수 있는 가장 좋은 선물은 무엇일까 묵상해 봅니다.
엄마와 아빠가 서로 많이 사랑하는 것이라 생각합니다.
아이를 생각하면서 저희 부부가 더 뜨겁게 사랑하게 하소서.
아기가 태어날 날을 기대하면서 마음의 선물을 준비합니다.
사랑, 기쁨, 감사, 소망, 은혜, 평안, 믿음, 용납, 배려….
물질적인 선물도 소중하게 준비해 봅니다.
배냇 저고리, 양말, 손싸개, 포데기, 기저귀, 모자, 면봉, 수건, 목욕통, 신발, 모빌, 보행기, 유모차, 장난감, 침대….
벌써 선물을 듬뿍 받고 기뻐할 아기의 모습이 그려집니다.
아이를 통해 세상에 주실 하나님의 선물도 기대합니다.
예수님의 이름으로 기도드립니다. 아멘.

배우자 만남의 복을 주소서

"네 샘으로 복되게 하라 네가 젊어서 취한 아내를 즐거워하라" 잠 5:18.

미리 아시고 짝을 지어주시는 하나님!
태어나지도 않은 아이를 위해 장래의 배우자를 구하는 것이 때이른 일처럼 보이지만 인생에서 가장 중대한 일이기 때문에 미리 구합니다. 믿음의 가정에서 자라 부모의 사랑을 많이 받고 자란 배우자를 만나게 하소서.
주님을 향한 신실한 믿음과 아름다운 성품, 그리고 서로를 가장 사랑하며 평생을 함께할 수 있는 배우자를 만나게 하소서.
하나님이 주시는 탁월한 능력을 가지고 있는 배우자를 만나게 하소서. 저희 아이도 이렇게 하나님 앞에 다듬어진 훌륭한 배우자가 되게 하소서.
좋은 남편, 좋은 아내로서 믿음의 명문 가문을 이루게 하소서.
하나님이 예비하신 배우자를 만날 때 성령님이 마음을 움직이셔서 서로를 알아보도록 하소서.
결혼생활을 축복해 주셔서 나날이 더욱 관계가 좋아지게 하시고, 늙어서도 서로 깊이 이해하며 사랑하는 복된 부부가 되게 하소서.
예수님의 이름으로 기도드립니다. 아멘.

훌륭한 영적 지도자를 만나게 하소서

"너희를 인도하는 자들에게 순종하고 복종하라 그들은 너희 영혼을 위하여 경성하기를 자신들이 청산할 자인 것같이 하느니라 그들로 하여금 즐거움으로 이것을 하게 하고 근심으로 하게 하지 말라 그렇지 않으면 너희에게 유익이 없느니라" 히 13:17.

모든 권위를 세우시는 하나님!
아이가 자신을 인도하는 자들을 존경하고 순종하는 법을 배우게 하소서.
특별히 자신을 위해 기도해주고 자신의 영혼을 인도하는 목자들을 존경하고 따르며 섬기는 생활을 하게 하소서.
영혼을 위한 사역에 은사를 따라 귀한 동역자가 되게 하시고, 다른 사람들의 영혼을 위해 수고를 아끼지 않는 믿음의 사람이 되게 하소서.
기쁘고 즐겁게 감사하는 마음으로 믿음생활을 하게 하시고, 교회를 좋아하고, 목사님을 존경하고, 성도들을 사랑하게 하소서.
하나님의 마음에 맞는 선한 목자를 만나 영적인 지도를 받으며 하나님과 친밀한 관계를 맺게 하소서.
예수님의 이름으로 기도드립니다. 아멘.

사표가 될 만한 선생님을 만나게 하소서

"누가 철학과 헛된 속임수로 너희를 사로잡을까 주의하라 이것은 사람의 전통과 세상의 초등학문을 따름이요 그리스도를 따름이 아니니라" 골 2:8.

모든 교사의 모범이신 주님!
신뢰하고 아이를 안심하고 맡길 수 있는 참교사를 만나게 하소서. 아이를 사랑하고 격려하며, 아이에게 꿈과 용기를 불어넣어주며, 아이의 잠재력을 보고 개발해줄 수 있는 좋은 선생님을 만나게 해주소서.
아이에게 지식뿐 아니라 삶의 지혜를 가르치고, 바른 가치관을 심어주는 선생님, 교실 안에서 말뿐 아니라 삶의 현장에서 삶으로 본을 보여주는 선생님을 만나게 하소서.
아이가 학교에 가서 배우는 것을 즐거워하게 하시고, 선생님으로부터 선한 영향력을 받을 수 있도록 도와주소서.
선생님이 헛된 말이나 무신론적 철학으로 아이를 잘못된 길로 이끌지 않도록 지켜주소서. 하나님께로부터 나오지 않은 세상의 허망한 사상으로 아이를 물들이지 않도록 지켜주소서.
하나님을 인정하는 지식과 성경적 가치로부터 아름다운 성품과 바른 생활태도, 신성한 진리와 참된 지식을 아이에게 가르치도록 도와주소서. 예수님의 이름으로 기도드립니다. 아멘.

귀한 믿음의 멘토를 만나게 하소서

"내 아들아 그러므로 너는 그리스도 예수 안에 있는 은혜 가운데서 강하고" 딤후 2:1.

인생의 온전한 멘토가 되신 하나님!
아이가 인생을 바르게 지도 받을 수 있는 멘토를 만나도록 축복하소서. 철이 철을 날카롭게 다듬어주는 것과 같이, 귀한 사람과의 만남을 통해 인생은 귀하게 만들어지는 것을 믿습니다.
시기와 상황에 맞게 아이의 역할 모델이 되어 인생을 코치해줄 수 있고, 진심으로 기도해주며 삶에 영감을 불어넣을 수 있는 분을 만나게 하소서.
디모데가 바울을 만나고, 헬렌 켈러가 설리반을 만난 것처럼, 교회나 학교나 직장에서 아이의 가능성을 보고 격려하고 개발해줄 수 있는 멘토를 만나게 해주소서.
주님이 보내신 멘토를 통하여 아이의 인생이 더욱 풍요롭고 위대하게 하소서.
인생과 신앙의 본보기를 보여주는 분들을 만나 삶으로 배울 수 있게 하소서.
예수님의 이름으로 기도드립니다. 아멘.

신실한 친구를 만나게 하소서

"너는 청년의 정욕을 피하고 주를 깨끗한 마음으로 부르는 자들과 함께 의와 믿음과 사랑과 화평을 따르라" 딤후 2:22.

저희를 친구라고 부르신 주님!
아이가 인생이 다하도록 주님을 가장 좋은 친구로 사귀며 살게 하소서.
아이가 세상에서 진실한 마음으로 하나님을 섬기는 사람들과 함께 살게 하소서. 하나님을 경외하며 거룩한 삶을 살아가는 좋은 친구를 사귀게 하소서.
평생 우정을 쌓아가고 서로 힘이 되며 선한 영향력을 주고받게 하소서. 주님을 순전하게 믿는 믿음 안에서 서로 격려하고 사랑함으로 하나님의 뜻을 이루는 동역자가 되게 하소서.
다윗과 요나단처럼 마음이 통하여 서로에게 영감을 주며, 어려울 때 힘이 되어줄 수 있는 고귀한 친구가 되게 하소서.
다니엘의 세 친구처럼 하나님의 뜻을 이루기 위해 서로 힘을 모으고, 세상의 유혹과 죄에 물들지 않으며, 믿음으로 승리하는 삶을 살게 하소서. 주를 깨끗한 마음으로 부르는 자들과 함께 의와 믿음과 사랑과 화평을 따르게 하소서.
언제나 함께하면서 서로를 위해 기도해주는 진실한 친구가 되게 하소서.
예수님의 이름으로 기도드립니다. 아멘.

친구를 통해 선한 영향력을 받게 하소서

"철이 철을 날카롭게 하는 것같이 사람이 그의 친구의 얼굴을 빛나게 하느니라"
 잠 27:17.

다정다감하신 하나님!
아이가 마음의 기쁨과 어려움을 함께 나눌 수 있는 믿음의 친구를 갖게 하소서.
지혜로운 자와 동행하면 지혜를 얻고 미련한 자와 사귀면 해를 받는다고 하셨으니 잠 13:20, 서로를 위해 기도해주며 서로를 세워줄 수 있는 친구를 만나게 하시고, 주님의 사랑 안에서 우정을 가꾸어가게 하소서.
철로 철을 단련함같이, 친구를 통해 믿음이 더욱 커지고, 성품도 더 아름다워지며, 재능도 더 잘 개발되게 하소서.
악한 자들의 꾀에 빠지지 않게 하시고, 죄를 도모하는 자들과 동행하지 않고, 오만한 자리에 앉지 않게 하소서 시 1:1.
험담하고 불평하는 자들, 좋지 않은 습관을 가진 자들을 사귀지 않게 하소서. 세겹줄은 힘이 있다고 하셨으니 좋은 친구와 서로 함께 힘을 모아 동역함으로 좋은 상을 얻게 하시고 서로 붙들어 주어 승리하는 삶을 살게 하소서 전 4:9-12.
예수님의 이름으로 기도드립니다. 아멘.

언제 어디서나 복 있는 아이가 되게 하소서

"그는 시냇가에 심은 나무가 철을 따라 열매를 맺으며 그 잎사귀가 마르지 아니함 같으니 그가 하는 모든 일이 다 형통하리로다" 시 1:3.

복 주시기를 기뻐하시는 하나님!
아이가 복 있는 사람이 되게 하소서.
항상 하나님의 말씀을 즐거워하고 말씀을 작은 소리로 읊조리게 하소서.
말씀이 아이의 몸을 입고, 삶으로 나타나게 하소서.
말씀의 귀한 약속들과 위대한 역사들이 아이를 통해 재연되게 하소서.
아이는 생명 강가에 심은 나무처럼 뿌리를 깊이 내리고 가지가 무성하고, 잎이 푸르고 꽃이 만발하고 열매가 풍성하게 하소서.
그 열매가 하나님을 기쁘시게 하고, 많은 사람들에게 양식이 되게 하소서.
하나님을 위하여 위대한 꿈을 꾸게 하시고, 주님 안에서 경영하는 모든 일들이 다 형통하게 하소서.
예수님의 이름으로 기도드립니다. 아멘.

성령을 선물로 받게 하소서

"너희가 악할지라도 좋은 것을 자식에게 줄 줄 알거든 하물며 너희 하늘 아버지께서 구하는 자에게 성령을 주시지 않겠느냐" 눅 11:13.

성령을 선물로 주시는 하나님!
성령이 하나님이 주시는 최고의 선물임을 아이가 알게 하시고, 평생 동안 성령을 구하며 그분 안에서 살게 하소서.
모든 기도에 대한 최고의 응답이 성령인 것을 알게 아시고, 그분 안에 모든 것이 들어 있음을 알게 하소서.
성령이 아이 곁을 떠나는 것이 인생 최대의 위기임을 알게 하시고, 그분의 인도하심과 도우심과 감동하심을 민감하게 느끼며 순종하게 하소서.
성령을 소멸하거나 거역하거나 근심시키지 않게 하소서.
삶의 전 영역에 성령이 자유롭게 활동하실 수 있도록 내어드리오니, 성령의 열매와 은사를 풍성하게 나타내소서.
성령에 감동된 사람, 성령이 주시는 영감이 넘치는 사람이 되게 하소서.
예수님의 이름으로 기도드립니다. 아멘.

성경에 기록된 축복의 상속자가 되게 하소서

"여호와를 찬송할지로다 그가 말씀하신 대로 그의 백성 이스라엘에게 태평을 주셨으니 그 종 모세를 통하여 무릇 말씀하신 그 모든 좋은 약속이 하나도 이루어지지 아니함이 없도다" 왕상 8:56.

언약하신 것을 반드시 이루시는 하나님!
아이의 삶을 통하여 이루기 원하시는 계획들을 저희에게 말씀해 주시고 그 약속을 이루어 주소서.
성경에 기록된 노아, 아브라함, 요셉, 모세, 다윗, 솔로몬에게 하신 좋은 약속들을, 이 아이에게도 상속해 주셔서 평강을 이루어 주소서.
아이에게 특별한 하나님의 계획이 있음을 믿습니다.
하나님은 아이의 산성이시고, 방패시며, 목자이심을 믿습니다.
하나님은 힘이시고 사 12:2, 소망이시며 시 71:5, 회복자이십니다 시 23:3.
하나님은 치유자이시고, 공급자이시며, 구원자이십니다.
아이에게 주신 귀한 약속들이 모두 이루어질 것을 믿습니다.
예수님의 이름으로 기도드립니다. 아멘.

참된 기쁨을 주소서

"내가 이것을 너희에게 이름은 내 기쁨이 너희 안에 있어 너희 기쁨을 충만하게 하려 함이라" 요 15:11.

기쁨의 샘이신 하나님!
주님의 기쁨, 그 완전한 기쁨이 아이의 심령으로 흘러 들어오게 하소서.
세상에서 오는 즐거움을 추구하기 위하여 인생을 낭비하지 않게 하시고, 마르지 않는 영원한 주님의 기쁨의 샘에서 물을 길게 하소서.
주님의 말씀 안에 거하며, 계명을 지키며, 사랑하며 살아갈 때, 많은 열매를 맺는 주님의 기쁨을 누리는 줄 믿습니다.
예배의 기쁨, 말씀의 기쁨, 찬송의 기쁨, 기도의 기쁨, 전도의 기쁨, 나눔의 기쁨, 드림의 기쁨, 섬김의 기쁨, 순종의 기쁨, 구원의 기쁨, 사랑의 기쁨을 알고 누리게 하소서.
하나님을 기뻐하는 것이 저희의 힘이라고 하셨으니, 하나님을 기뻐함으로 날마다 새 힘을 얻게 하시고 아이 자신이 하나님의 기쁨이 되게 하소서.
예수님의 이름으로 기도드립니다. 아멘.

하나님의 복을 풍성하게 내려주소서

"너희 조상의 하나님 여호와께서 너희를 현재보다 천 배나 많게 하시며 너희에게 허락하신 것과 같이 너희에게 복 주시기를 원하노라" 신 1:11.

복에 복을 더하시는 하나님!
현재까지 주신 복이 크지만 위의 말씀처럼 아이를 통해 천 배의 복을 받기 원합니다.
"시작은 미약하였으나 나중에는 심히 창대하리라" 욥 8:7 는 말씀을 믿사오니, 저희와 아이의 대로 이어 내려갈수록 하나님의 복을 더해주소서. 하나님의 거룩한 백성의 계보를 이루어 자자손손 하나님께 영광을 돌리게 하소서.
저희 가문에 위대한 정치, 사회 지도자와 탁월한 학자와 영감 넘치는 예술가, 하나님을 위한 사업을 많이 할 수 있는 재력가, 유력한 인사들이 많이 나오게 하소서.
아이가 하나님의 신령한 복을 이 땅에 불러오는 사람이 되게 하소서.
아이가 자라면서 저희 가정이 형통하고 화목하고 풍요로운 삶을 살게 하소서.
모든 면에서 현재보다 천 배나 잘되는 복을 받게 하소서.
예수님의 이름으로 기도드립니다. 아멘.

믿음의 명문 가문을 이루게 하소서

"요셉은 무성한 가지 곧 샘 곁의 무성한 가지라 그 가지가 담을 넘었도다" 창 49:22.

한 사람의 생애를 통하여 다른 많은 사람들을 복 주시는 하나님!
아이가 하나님의 복을 전하는 축복의 통로가 되게 하소서.
샘 곁에 심긴 나무처럼 푸르게 자라고 아름답게 꽃을 피워, 가지가 담을 넘고 가지마다 충실한 열매를 맺게 하소서.
자신의 생애와 가족을 복되게 할 뿐 아니라 다른 사람과 나라에도 큰 유익을 끼치는 사람이 되게 하소서.
"위로 하늘의 복과 아래로 깊은 샘의 복과 젖먹이는 복과 태의 복" 창 49:25이 아이에게 내려서, 하나님께 사랑 받고 사람들에게 존중 받으며, 대대로 믿음의 명문 가문을 이룰 수 있게 하소서.
하나님께 복을 받아 모든 사람 위에 뛰어난 인물이 되게 하소서.
"하늘의 보물과 땅의 선물과 바다의 보배" 신 33:13-19가 아이 삶에 넘치게 하소서.
예수님의 이름으로 기도드립니다. 아멘.

2장 • 순산을 위한 기도

너는 내 것이라 _{헬렌 M. 영}

너는 부유해도 가난해도
너를 사랑하여 구원했으니
너는 내 것이라.

너는 현명해도 미련해도
너의 지혜 되어 사용하리니
너는 내 것이라.

너는 잘났으나 못났으나
너의 모든 것을 알고 있으니
너는 내 것이라.

너는 강하여도 약하여도
너의 힘이 되어 일으키리니
너는 내 것이라.

너는 외로워도 약하여도
너를 나의 피로 바꾸었으니
너는 내 것이라.

출산하는 저/아내를 안위해 주소서

"내가 사망의 음침한 골짜기로 다닐지라도 해를 두려워하지 않을 것은 주께서 나와 함께하심이라 주의 지팡이와 막대기가 나를 안위하시나이다" 시 23:4.

생명의 주인이신 하나님!
저희를 만나게 하시고, 가정을 이루게 하시며, 태의 열매를 주시고, 지금까지 건강하게 자라게 하심을 감사드립니다.
지난 임신 기간 동안 하루하루 기도하면서, 아이의 생명이 얼마나 귀하고 복된 것인가를 느꼈습니다.
그동안 저희를 지켜주심에 감사드립니다.
이제 아이의 출산을 앞두고 두려운 마음도 있지만 지금까지 인도하신 주님이 저희와 함께하심을 믿습니다.
마음에 강한 확신을 주시고 주님이 주시는 평안을 주소서.
제/아내가 생명을 잉태하기 위해 어둠의 골짜기를 통과할 때도 함께하소서. 그 어둠의 터널 끝을 생명의 찬란한 아침의 소망 중에 바라보게 하소서.
출산할 때 겪는 사랑의 아픔도 잘 견딜 수 있도록 주님의 손으로 붙들어 주소서.
예수님의 이름으로 기도드립니다. 아멘.

출산 과정이 은혜 안에서 진행되게 하소서

"여자가 해산하게 되면 그때가 이르렀으므로 근심하나 아기를 낳으면 세상에 사람 난 기쁨으로 말미암아 그 고통을 다시 기억하지 아니하느니라" 요 16:21.

귀한 선물을 주시는 하나님!
고통 없이는 어떤 귀한 것도 주어지지 않는다는 사실을 잘 알고 있습니다.
세상에 새로운 일을 이루시기 위해 저희에게 주신 새 생명을 위해 헌신합니다. 마음에 평안과 확신을 주셔서 잘 참아 온전한 약속을 받게 하소서.
그동안 저희가 기도로 준비하였사오니, 이제 모든 것을 주님께 맡깁니다. 해산의 수고를 넘어 새 생명 탄생의 기쁨으로 저희를 충만하게 하소서. 성령님께서 순간순간 지켜주셔서 모든 출산 과정이 은혜 안에서 진행되게 하소서.
산모인 저/아내의 몸 상태를 최상으로 유지시켜 주시고, 아이도 건강하게 태어나게 하소서.
산모와 아이가 하나 되어 모든 출산 과정이 순조롭게 하소서.
양수가 잘 배출되면서 산도가 열리고 아이가 잘 나오게 하소서.
진통을 하감하시고 숨 쉬는 순간마다 주님이 지켜주소서.
예수님의 이름으로 기도드립니다. 아멘.

모든 것을 주님께 맡기고 평안하게 하소서

"두려워하지 말라 내가 너와 함께함이라 놀라지 말라 나는 네 하나님이 됨이라 내가 너를 굳세게 하리라 참으로 너를 도와주리라 참으로 나의 의로운 오른손으로 너를 붙들리라" 사 41:10.

언제나 함께하시는 하나님!
지금 주님의 손길이 절실히 필요합니다.
전능하신 주님의 손으로 저/아내의 마음과 육체를 강하게 붙들어 주소서. 주님을 의지하는 마음으로 모든 것을 주님께 맡기고 평안한 마음을 갖게 하소서.
주님의 크신 평안을 내려주소서. 세상이 줄 수 없는 참된 평안을 주소서.
의료진의 손길을 통하여 저/아내와 아이 모두 건강하게 순산할 수 있도록 도와주소서.
산모가 숨을 쉬는 순간마다 지키시고 도와주셔서, 태아가 산도를 통과하여 순조롭게 자연 분만할 수 있도록 눈동자와 같이 살펴주소서.
주님의 선물을 받는 이 순간이 고귀하고 영원히 기억되는 아름다운 시간이 되게 하소서.
예수님의 이름으로 기도드립니다. 아멘.

의사 하나님이 전 과정을 인도하소서

🌸 진통이 시작되어 병원 침대에 누운 이후 기도를 드린다.

사람의 모든 것을 완전하게 알고 계시는 완벽한 의사 하나님!
아이의 출산을 도울 의사와 간호사들을 위하여 기도합니다.
그들에게 하나님의 지혜와 탁월한 의술을 주셔서 침착하게 아이가 출산하는 과정을 잘 진행하도록 도와주소서.
그들의 마음 가운데 생명에 대한 경외와 소중한 아이에 대한 무한한 사랑을 가지고, 정성을 다해 안전하게 조치할 수 있도록 주님이 감독해 주소서.
사람을 지으시는 하나님! 아이를 순산할 수 있도록 저/아내에게 힘을 더하시고, 아이를 눈동자와 같이 보호해 주소서.
산모와 아이 모두 건강하게 출산 과정을 함께할 수 있도록 도와주소서.
건강한 출산을 위해 중보하는 가족들의 기도를 들어주셔서, 모두에게 큰 기쁨의 출산이 되게 하소서.
예수님의 이름으로 기도드립니다. 아멘.

🌸 아기를 낳기 위해 아내가 고통 가운데 있을 때, 남편은 아내의 손을 잡고
　기도를 드린다.

우주에 충만하신 성령님!

이 시간 저희의 몸에 비둘기처럼 임재해주소서. 머리에서 가슴과 배, 그리고 손과 발에 부드럽게 찾아오소서. 저희의 깊은 숨결을 타고 오셔서 긴장을 풀어주시고, 두려움을 물리쳐 주소서.

마음에는 참된 평안과 하늘의 안식을 주소서. 모든 세포와 혈관과 신경과 기관이 새 힘을 얻게 하시고, 주님이 주시는 생명력으로 넘치게 하소서.

지금 아내는 주님이 주신 새 생명을 품고 있습니다. 놀라운 선물을 받은 저희 부부는 신비스러움을 느끼며 출산의 때를 기다리고 있습니다.

성령님이 충만한 가운데 생명이 건강하고 지혜롭게 성장하고 있음을 느낍니다. 이제 곧 있을 출산도 순조롭고, 편안하고, 안전하게 진행될 것을 믿습니다.

이제 주님의 성령으로 아이와 저희 부부는 모두 하나가 되었습니다. 순산하는 동안 아름다운 조화를 이루어 하나님의 뜻을 이루어가게 하소서. 엄마가 되는 아픈 기쁨, 아빠가 되는 벅찬 감격, 아이의 복된 탄생이 하나님의 영광을 드러내게 하소서.

저희가 함께하는 이 소중한 추억을 언제까지나 기억하며 가정의 신성함을 지켜나갈 수 있도록 도와주소서. 사랑스러운 아내, 믿음직한 남편, 축복된 아이를 언제나 기억하게 하소서.

이제 모든 것을 주님께 맡깁니다. 주님의 뜻을 이룰 수 있도록 저희를 도와주소서. 예수님의 이름으로 기도드립니다. 아멘.

🌸 최종적으로 탯줄을 자르면서 감사기도를 드린다.

새 일을 창조하시는 놀라우신 하나님!
드디어 오랫동안 기도로 준비하며 기다리던 생명이 태어났습니다. 신비스러운 방식으로 감동에 넘치는 귀한 선물을 주신 하나님께 감사를 드립니다.
하나님의 뜻에 따라 하나님의 영광을 위해 주신 소중한 생명을 잘 키우겠습니다. 저/아내와 아이 모두 건강하게 이 모든 과정을 잘 마치게 해주신 것을 참으로 감사합니다.
제/아내가 많은 산고를 겪었사오니, 지친 몸과 마음이 속히 원상으로 회복될 수 있도록 도와주소서.
모든 뼈마디와 근육과 신경이 회복되고 마음도 쉼을 얻을 수 있도록 참된 안식을 주소서. 혈관에 흐르는 피와 호르몬을 잘 조절해 주시고, 몸의 신진대사가 잘 이루어지게 하소서.
이후에 모유도 적절하게 공급되게 하시고, 아이도 달라진 외부 환경에 안정적으로 잘 적응할 수 있도록 도우소서.
아이에게 생명력과 성장력과 면역력을 더하셔서, 나날이 건강하고 아름답고 지혜롭게 자라게 하소서.
독립된 생명체이면서도 사랑의 줄로 연결되어 있는 생명체로 저희와 복된 가정을 이루게 하소서. 새 생명 주신 것을 감사드립니다. 모든 영광을 주님께 올려드립니다.
예수님의 이름으로 기도드립니다. 아멘.

부록

기도의 정의
상처와 아픔과 염려를 치유하는 기도

기도할 때 하나님의 손이 움직이기 시작합니다. 그러면서 우리는 하나님의 관점에서 문제를 보게 되는 것입니다. 기도는 우리의 관점을 바꾸어 줍니다. 기도하는 동안 우리는 관점의 변화를 경험하게 됩니다. 주님의 눈높이로 보면 히말리야 산도 저만치 아래로 보입니다.

기도의 정의

"여호와의 말씀이니라 너희를 향한 나의 생각을 내가 아나니 평안이요 재앙이 아니니라 너희에게 미래와 희망을 주는 것이니라 너희가 내게 부르짖으며 내게 와서 기도하면 내가 너희들의 기도를 들을 것이요 너희가 온 마음으로 나를 구하면 나를 찾을 것이요 나를 만나리라"렘 29:11-13.

기도는 결과보다 관계가 중요합니다

기독교 신앙은 하나의 종교가 아니라 관계입니다. 대상을 향한 일방통행식이 아니라 쌍방통행식입니다. 그리고 '나와 그것'이 아니라 '나와 너'의 인격적인 관계입니다. 관계에서 중요한 것은 소통이나 교제인데, 교제를 이어주는 것이 바로 기도입니다.

기도는 삼인칭 대상으로서의 하나님을 이인칭 관계로 바꾸어 줍니다. 기도를 통해 우리는 하나님과의 관계를 키워나갑니다.

기도는 하나님의 임재를 느끼면서 하나님과 인격적으로 나누는 대화입니다. 그러므로 균형 잡힌 기도는 듣고 말하는 양방향 모두를 포함합니다.

기도에는 하나님께 말씀 드리는 것과 하나님의 말씀을 듣는 것 모두가 포함되어 있습니다. 따라서 기도는 기도를 들으시는 분이나 기도하는 사람 모두에게 영향을 미칩니다.

하나님이 응답하시지만 기도하는 사람도 변화를 경험합니다. 얼마나 많은 부분을 나눌 수 있느냐에 따라 관계의 친밀도도 결정됩니다. 그러므로 구체적이고 내밀한 심령을 토로하는 기도는 그만큼 하나님의 마음에 다가가 있습니다.

기도는 무엇인가 구하고 얻는 것보다 기도한다는 것 자체로서 귀합니다. 기도함으로써 보이지 않는 하나님을 느낄 수 있습니다.

늦은 저녁 연을 날리는 아이를 본 적이 있습니다. 연이 보이지 않았기 때문에 아이에게, 연이 사라진 것이 아니냐고 물어보았더니, 아이는 "연줄을 만져보세요. 위에서 연이 줄을 당기고 있어요"라고 대답했습니다. 기도는 하나님과 기도하는 사람을 연결해주는 연줄이라고 생각합니다.

기도의 선상에 서면 보이지 않는 하나님의 손길을 느낄 수 있습니다. 기도는 주권자 하나님을 인정하는 행위요, 그분을 신뢰하는 우리 마음의 표현입니다. 그래서 때로는 하나님과의 관계 증진을 위하여 기도할 제목이 주어지기도 합니다.

기도 응답보다 더 중요한 것은 그곳에 이르는 과정입니다. 해변에서 모래성을 쌓는 놀이를 하며 노는 아이들을 본 적이 있습니다. 그들은 수없이 모래로 무엇인가를 만들지만 이내 파도가 밀려와 그것을 무너뜨립니다. 그래도 아이들은 결코 실망하지 않습니다. 장소를 옮겨가면서 또 재미있게 모래성을 쌓습니다. 그들은 자신들이 만든 결과물보다 그것을 만들어가는 과정을 즐기고 있었습니다. 그런 놀이를 통하여 서로의 마음에 친밀한 관계를 만들어가는 것입니다.

기도 역시 결과보다 관계가 더 중요합니다. 우리는 함께 예수님의 이름으로 기도함으로써 예수님 안에서 우리를 연합시키고, 우리의 기도를 예수님의 기도와 결합시키며, 하나님과 예수님의 관계에 우리를 연결시킵니다.

기도는 내용보다 의도가 중요합니다

우리는 기도의 내용이나 말의 표현에 신경 쓰지만, 기도는 그보다 마음의 태도에 달려 있습니다. 기도는 사랑의 표현입니다. 기도를 통해 하나님 사랑과 이웃 사랑을 표현하는 것입니다. 전능하신 하나님께는 말로 표현된 것이나 머릿속 생각이나 똑같이 드러납니다. 하나님은 눈을 감고 하는 말의 기도나 눈을 뜨고 하는 삶의 기도를 모두 보고 들으십니다.

기도와 삶은 분리될 수 없습니다. 기도는 말 이전에 삶입니다. 기도는 예수님의 임재 안에 거하는 것입니다. 예수님 안에서 사는 삶의 방식입니다. 아침 기도는 하루를 준비하고 시작하는 기도 '워밍업'이며, 취침 전 기도로 마무리하기까지 모든 삶이 기도 안에 들어가 있습니다.

기도가 사는 것이고 사는 것이 기도입니다. 항상 기도한다는 것은 기도 안에서 산다는 것입니다. 그 기도는 삼위일체 하나님 안에서 함께 이루어져 가는 삶입니다. 기도는 예언하는 것입니다. 믿음으로 먼저 말하는 것이고 하나님께서 응답하실 것이기 때문입니다.

기도는 리허설입니다. 하루의 삶을 시작하기 전에 기도하는 가운데 먼저 일과를 기도로 하나님께 아뢰는 것입니다. 그리고 기도로 이미 살아본 삶을 더욱 하나님의 도움으로 완벽하게 소화해내는 것입니다.

기도는 휴대용 안식입니다. 눈 뜨면 세상이 펼쳐지지만 눈 감으면 하나님 나라가 펼쳐집니다. 일과 중간에서 잠깐 멈추어 서서 기도하는 시간을 갖는다면, 하나님이 주시는 안식을 경험할 수 있습니다.

언제 어디서나 경험할 수 있는 안식이기 때문에 기도는 휴대용 안식입니다. 그러므로 기도는 많은 말을 하거나 무엇을 구하는 내용보다 하나님을 향한 마음이 중요합니다.

우리는 기도함으로 하나님의 거대한 역사의 극히 작은 일부에 참여하고 있는 것입니다. 우리의 기도가 기도하는 모든 사람들의 기도와 함께 우주적 기도에 연합되어 있습니다. 그러므로 우리는 이렇게 기도해야 합니다.

"주님, 제가 나누는 대화, 하는 일, 휴식을 갖는 것, 차 한 잔을 마시는 것, 제가 하는 모든 것이 기도가 되게 해주세요."

기도는 하나님의 뜻을 찾아가는 네비게이션입니다

기도의 초점은 어디까지나 하나님의 뜻을 아는 것입니다. 우리는 항해하는 배, 하나님은 항구입니다. 배가 항구를 잡아당기는 것이 아니라 배가 항구를 향해 나아가는 것입니다. 넓은 강을 배로 건너는 사람을 보았습니다. 양쪽 나무에 줄을 매어놓고 줄을 당기며 노도 없이 강을 건넜습니다. 건너가야 할 쪽 나무에 매여 있는 줄을 당기면 배는 그쪽으로 이동했습니다.

기도는 단순히 구하는 것이 아니라 하나님의 뜻을 듣는 것입니다. 기도는 하면 할수록 무엇인가 구하는 기도에서 하나님의 뜻을 구하는 태도로 바뀌게 됩니다.

기도를 계속하다 보면 하나님의 뜻에 점점 근접하고 있음을 알게 됩니다. 물론 나의 생각과 처지에서부터 시작하여 하나님께 탄원을 올릴 수 있지만, 결국 기도는 인생의 일들에 대한 탄원보다 하나님의 뜻에 대한 복종입니다.

기도는 일상적이고 평범하고 구체적인 경험들로부터 시작됩니다. 기도할 때 이러한 것들이 하나님께 닿게 됩니다. 그리고 하나님의 방식과 뜻대로 응답이 나타납니다. 그러므로 우리는 하나님의 뜻을 따라 구해야 합니다.

기도는 기도하는 사람을 변화시킵니다

기도는 현상 유지에 저항하는 것입니다. 현재에 대한 거룩한 불만을 표현하는 것입니다. 기도는 환경을 변화시키기도 하지만 더 많은 경우 환경을 극복할 수 있는 사람으로 나를 만듭니다.

기도는 남을 변화시키기도 하지만 가장 먼저 나 자신을 변화시킵니다. 하나님은 무엇보다 나에게 관심이 많습니다. 하나님은 기도하는 사람부터 변화시키시기 시작하는데, 대부분의 경우 내가 변화되면 문제는 더 이상 문제가 아닌 경우가 많습니다.

얍복강에서 형 에서를 대면하기가 두려운 상황에서 야곱은 기도할 수밖에 없었고, 야곱이 이스라엘로 변한 이후 어려운 상황은 은혜로 다가왔습니다. 기도는 하나님과의 교제를 통하여 점점 영적인 사람으로 변하게 합니다.

나 중심의 기도에서 하나님 중심의 기도로, 일 중심에서 사람과 비전 중심으로 변화됩니다. 기도를 통해 가정과 교회와 사회에 상처 주지 않는 변화, 피 흘리지 않는 혁명이 가능합니다. 그래서 리차드 포스터는 다음과 같이 말했습니다.

"기도하는 것은 변화하는 것이다. 안으로 향하는 기도가 선행되어야 하는 것은 먼저 자신의 내면이 변화되지 않고서는 하나님의 영광에 이르려는 위로 향하는 기도가 오히려 우리를 짓누르고, 또 밖으로 향하는 사역이 우리를 파멸시키기 때문이다."

기도는 싸움의 대상을 바꾸는 것입니다

다윗이 골리앗에게 "너는 칼과 창과 단창으로 내게 나아오거니와 나는 만군의 여호와의 이름 곧 네가 모욕하는 이스라엘 군대의 하나님의 이름으로 네게 나아가노라"삼상 17:45하고 외칠 때, 이미 골리앗의 상대는 다윗이 아니라 하나님으로 바뀌었습니다. '문제와 나'의 싸움을 '문제와 하나님'의 싸움으로 바꾸는 것이 기도입니다. 기도는 우리의 문제를 하나님의 손에 올려드리는 것입니다. 이제는 하나님의 문제가 되는 것입니다.

한 여자아이가 엄마를 따라 과일 가게에 갔습니다. 주인 아저씨는 착하게 생겼다고 칭찬하면서 "아저씨가 그냥 주고 싶으니까 싱싱한 체리 한 줌 가져가라"고 아이에게 말합니다. 엄마도 옆에서 "아저씨가 주시는 거니까 고맙다고 인사드리고 한 줌 집으렴"이라고 말해도 아이는 얌전하게 가만히 있습니다. 급기야 아저씨가 한 줌 집어 봉지에 담아 주었습니다. 집으로 가는 길에 엄마는 아이에게 "너, 왜 아저씨가 거저 주는데도 가만히 있었니?" 하고 묻습니다. 그제서야 아이는 "아저씨 손이 제 손보다 더 크잖아요!" 하고 대답합니다.

우리는 아이의 마음으로 기도해야 합니다. 기도할 때 하나님의 손이 움직이기 시작합니다. 그러면서 우리는 하나님의 관점에서 문제를 보게 되는 것입니다. 기도는 우리의 관점을 바꾸어 줍니다. 기도하는 동안 우리는 관점의 변화를 경험하게 됩니다. 주님의 눈높이로 보면 히말리야 산도 저만치 아래로 보이게 됩니다.

상처와 아픔과 염려를 치유하는 기도

저에게 자비를 내려주셔서 저의 몸과 마음을 회복시켜 주소서. 제가 다시 하나님의 은혜를 입을 수 있도록 도와주소서. 저의 몸을 고치시고 임신할 수 있도록 도와주소서. 주님의 은혜와 긍휼을 바라오니 용서하시고 자비를 베풀어 주소서. 앞으로 주시는 생명은 주님께서 맡겨주신 귀한 선물로 알고 하나님의 뜻에 합당하게 키우겠습니다.

다시 귀한 생명을 허락해 주소서

생명의 주 하나님!
저는 하나님이 주셨던 생명을 파괴했던 낙태의 죄가 있습니다.
제가 알지 못해서, 제가 감당할 믿음이 못 되어서 그랬사오니, 예수님의 보혈의 은총으로 용서해 주소서.
태아의 생명을 주님이 긍휼히 여기시고 받아주소서.
제가 하나님께 다시 생명을 구한다는 것은 부끄럽기 한이 없습니다. 저는 구할 자격이 없다는 것을 잘 알고 있습니다.
하지만 하나님! 저에게 자비를 내려주셔서 저의 몸과 마음을 회복시켜 주소서.
제가 다시 하나님의 은혜를 입을 수 있도록 도와주소서.
저의 몸을 고치시고 임신할 수 있도록 도와주소서.
돌이킬 수 없는 과거 때문에 죄책감을 가지고 살지 않게 하시고, 용서의 확신을 가지고 새롭게 살게 하소서.
주님의 은혜와 긍휼을 바라오니 용서하시고 자비를 베풀어 주소서. 앞으로 주시는 생명은 주님께서 맡겨주신 귀한 선물로 알고 하나님의 뜻에 합당하게 키우겠습니다.
저를 불쌍히 여기고 도와주소서.
사죄의 확신과 구원의 은총으로 아이를 허락해 주소서.
예수님의 이름으로 기도드립니다. 아멘.

부모로부터 받은 상처를 어루만지소서

저희를 사랑의 품으로 보듬고 모든 상처를 치유하시는 하나님!
저는 주님의 마음으로 저에게 잘못한 부모님을 품고 싶습니다. 주님이 저를 용서하셨듯이, 제가 그분들을 용서하겠습니다.
원한, 원망, 분노, 미움, 억울함, 죄책감, 버림받은 기분, 나쁜 감정들을 이 시간 이후 모두 내려놓겠습니다.
저에게 부모님이 했던 모든 모욕, 저주, 무시, 방치, 학대, 구타, 비난, 언어폭력, 부당한 대우들을 용서하기 원합니다.(이 모든 것들은 나에게서 사라질지어다!)
거부당했던 경험, 배신당했던 느낌, 자존심에 상처 입었던 시간들을 다 십자가 밑에 내려놓기를 원합니다.
부모님 때문에 하나님을 원망하고 세상을 한탄하며 자신을 학대했던 모든 것들을 용서해 주소서. 부모님과의 관계를 회복하고 형제 자매들과도 좋은 관계를 회복하도록 도와주소서.
제 마음의 상처를 치유해 주시고, 제 아이에게는 이러한 아픔을 물려주지 않게 하소서. 제가 악한 영향력을 차단하고 아이에게 좋은 부모가 되기를 원합니다.
하나님의 고귀한 새 생명을 받았으니, 이 아이와 더불어 새로운 인생을 시작하게 도와주소서.
예수님의 이름으로 기도드립니다. 아멘.

몸과 마음을 만지고 새롭게 회복시켜 주소서

생명을 주시는 하나님!
저희에게 주셨던 생명이 유산이 되고 말았습니다. 이 생명을 위해 얼마나 기도하며 하나님의 자비를 바랐습니까?
얼마나 귀한 생명인데, 이렇게 태아를 잃게 되니 슬프고 마음이 너무 아픕니다.
저희가 아이를 얼마나 간절히 기다리며 사랑했는지 주님은 아십니다. 주님, 주님의 손으로 저희의 몸과 마음을 만져주셔서 새롭게 회복시켜 주소서.
아직은 잘 알 수 없지만, 저희가 알지 못하는 하나님의 섭리가 있는 줄 믿사오니, 하나님의 뜻을 분별하여 알 수 있게 하소서.
하나님의 품에 아이의 영혼을 받아주시고, 그날에 다시 만날 소망을 주소서.
이 모든 것이 합력하여 선을 이루실 줄을 믿습니다.
몸과 마음을 치유해 주시고 성령님의 위로하심을 주소서.
저희의 연약함을 도우시는 성령님!
저희를 상담해 주시고 도와주소서.
생명력을 소생시켜 주셔서 이 아이를 대신할 건강한 태아를 허락해 주소서.
예수님의 이름으로 기도드립니다. 아멘.

태아의 건강을 온전하게 지켜주소서

긍휼이 많으신 하나님!
하나님이 아이를 은혜의 선물로 주신 것으로 알고 있습니다.
그런데 아이에게 건강상의 문제가 있다고 의사가 알려왔습니다.
저희는 먼저 생명의 주인이신 하나님께 무릎 꿇습니다.
저희와 아이의 생명을 긍휼히 여겨주소서.
만일 저희의 잘못이 있다면 생각나게 하시고, 주님 앞에 용서를 비오니 용서해 주소서.
주님의 권능의 손으로 태아를 만지셔서 치유해 주소서.
이 어려운 상황을 통하여 하나님의 영광을 나타내 주소서.
생명의 주권은 주님께 있사오니, 아이의 생명을 온전하게 지켜주소서.
저희에게 생명을 존중하는 마음을 주시고, 의사도 생명을 경외하는 마음을 갖게 하소서.
저희는 모르는 것이 너무 많사오니, 지혜를 더하셔서 주님의 인도를 받게 하소서.
예수님의 이름으로 기도드립니다. 아멘.

늦은 나이의 출산을 소망 가운데 맞게 하소서

세상보다 더 귀한 생명을 주시는 하나님!
저희 부부는 늦은 나이에 아기를 가졌습니다.
고령임산부의 경우는 산모와 아이에게 더 많은 관심과 주의가 필요한 줄 압니다. 하나님의 각별한 은혜와 돌보심으로 건강한 아이를 출산하게 도와주소서.
늦은 나이에 아이를 주시는 것도 하나님의 특별한 계획이 있음을 믿습니다.
태아에게 선천성 이상이나 저체중, 황달 같은 문제가 나타나지 않도록 도와주소서.
저/아내도 신체적, 정신적, 영적으로 건강하게 임신 기간을 잘 보내게 하시고 정한 시간에 자연 분만으로 건강한 아이를 출산하게 하소서.
마음에 평안을 주시고 음식 조절, 몸 관리를 잘하게 하소서.
비만이나 성인 질환으로부터 막아주시고 담대한 마음을 주소서.
이삭이나 사무엘, 세례 요한도 산모가 늦은 나이에 출산했던 것을 기억하오니, 담대한 믿음으로 약속의 자녀를 소망 가운데 맞을 준비를 하게 하소서.
어렵고 귀하게 얻는 아이, 하나님의 뜻을 따라 바르게 양육하게 하소서.
예수님의 이름으로 기도드립니다. 아멘.

태아축복 기도문
© 한기채 2011

1판 1쇄	2011년 1월 31일
1판 16쇄	2017년 5월 10일
2판 5쇄	2024년 3월 30일

지은이	한기채
발행인	조애신
편집	이소연
디자인	임은미
마케팅	전필영, 권희정
경영지원	전두표

발행처	도서출판 토기장이
주소	서울시 마포구 동교로 71-1 2F
출판등록	1998년 5월 29일 제1998-000070호
전화	02-3143-0400
팩스	0505-300-0646
이메일	tletter77@naver.com
인스타그램	togijangi_books_

ISBN   978-89-7782-219-1

- 이 책은 저작권 법에 따라 보호를 받는 저작물이므로 무단 전재와 무단 복제를 금합니다.
- 이 책의 전부 또는 일부를 이용하려면 반드시 저자와 도서출판 토기장이의 동의를 받아야 합니다.

도서출판 토기장이는 생명 있는 책만 만듭니다.
"우리는 진흙이요 주는 토기장이시니 우리는 다 주의 손으로 지으신 것이니이다" (이사야 64:8)